甘劫——著

一副牌，
透视你的心灵秘密：
OH 卡牌使用手册

华夏出版社
HUAXIA PUBLISHING HOUSE

图书在版编目（CIP）数据

一副牌，透视你的心灵秘密：OH卡牌使用手册 / 甘劼著. -- 北京：华夏出版社有限公司, 2020.1（2024.5 重印）

ISBN 978-7-5080-9841-8

Ⅰ.①一… Ⅱ.①甘… Ⅲ.①心理学—通俗读物 Ⅳ.①B84-49

中国版本图书馆CIP数据核字（2019）第181436号

一副牌，透视你的心灵秘密：OH卡牌使用手册

作　　者	甘　劼
责任编辑	许　婷　王秋实

出版发行	华夏出版社有限公司
经　　销	新华书店
印　　刷	三河市少明印务有限公司
装　　订	三河市少明印务有限公司
版　　次	2020年1月北京第1版　2024年5月北京第6次印刷
开　　本	710×1000　1/16开
印　　张	16.75
字　　数	195千字
定　　价	49.00元

华夏出版社有限公司　网址:www.hxph.com.cn 地址：北京市东直门外香河园北里4号　邮编：100028
若发现本版图书有印装质量问题，请与我社营销中心联系调换。电话：（010）64663331（转）

OH 卡牌
带你走入潜意识的世界

OH卡牌全家福

书中使用的卡牌：

第003页

第013页

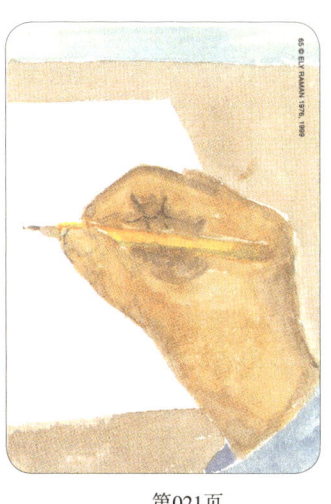
第021页

第025页

第025页

第025页

第026页

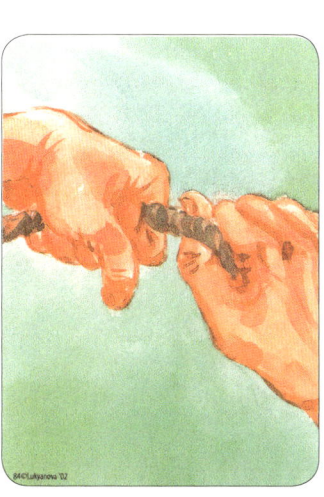
第026页

第026页

第030页

第042页

第043页

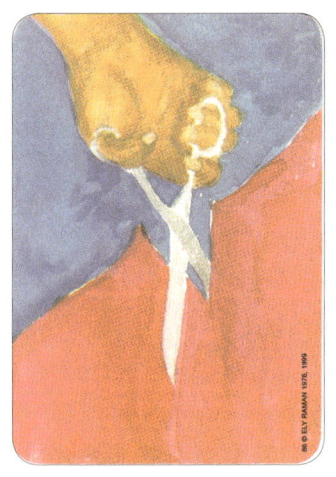
第073页

第075页

第082页

第082页

第082页

第082页

第082页

第082页

第082页

第082页

第082页

第083页

第083页

第083页

第083页

第125页　　　第126页　　　第127页

第128页　　　第129页　　　第130页

第131页　　　第132页　　　第133页

第189页

第189页

第189页

第189页

第189页

第189页

第215页

第215页

第215页

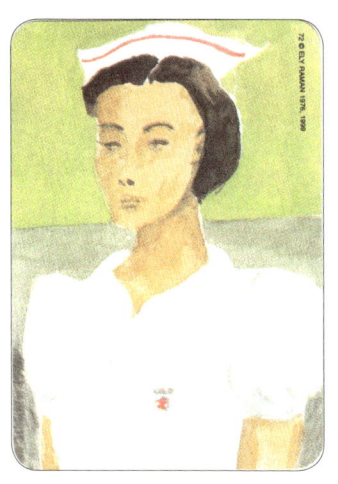
第226页

第226页

第226页

第234页

第234页

第234页

第234页

第234页

第234页

感 谢

十年前，第一次接触OH卡牌时，我就觉得自己找到了一个既有效又有趣的心理工具。在十年的使用过程中，OH卡牌也让我看到它包含的丰富内容和直指人心的效力。

很多体验这组卡牌或学习OH卡牌的人，也常常惊叹于这组卡牌的魅力，很多人也把它当成了自己重要的内在探索工具。正因如此，我成为OH卡牌的使用者和推广者，希望让更多人能够认识到OH卡牌并因此获益。

我常常想，应该感谢莫里茨博士当年创造了OH卡牌，能够让我有机会通过它更深入地了解投射，了解故事对于理解一个人内心所具备的意义。

在使用了OH卡牌更多的卡组之后，更是对莫里茨博士多年来在卡牌领域的深入工作怀有深深的敬意——他并未止步，而是不断地探索与创造，为后续的卡牌使用者提供更丰富更多样化的选择方案。

最后，也感谢莫里茨博士为本书提供授权，也希望能通过这个机会，让更多人了解OH卡牌，并参与到OH卡牌的使用与研究中来。

Special Thanks

When I started playing OH Cards for the first time ten years ago,I thought that I finally found an effective and interesting psychological tool. Over the ten years, the OH Cards has shown me its rich content and its power to reach people's heart.

Many people who experience or learn to play OH Cards are often amazed by the charm of this set of Cards, and many people take it as an important tool for their inner exploration. Therefore, I become an user and promoter of OH Cards. I hope to let more people know OH Cards and benefit from it.

I have often thought I should thank Dr. Moritz for creating the OH Cards, which gives me the opportunity to learn more about projection and meaning of stories to understand a person's heart.

After using more sets of OH Cards, I have a deep respect for Dr. Moritz's thorough work in the card field over the years.He never stopped, but continued to explore and create more and more options for future card users.

Finally, I would like to thank Dr. Moritz for authorizing this book and hope that more people can learn about OH Cards and participate in the use and research of OH Cards after reading this book.

目 录

前言　镜中的自我——由故事开始 / 1

第一章 / 与OH卡牌相遇 / 001

一位女士的故事 / 003

什么是OH卡牌？ / 007

OH卡牌与传统卡牌的区别？ / 009

卡牌如何达到神奇的效果？ / 011

卡牌的治疗因子 / 015

OH卡牌使用的基本原则 / 020

给新手带领者的一些提示 / 024

第二章 / 开始熟悉OH卡牌 / 035

可以自己做的练习 / 037

基础卡图卡的分组 / 041

玩OH卡牌过程中的常用方式 / 047

重复技术——多听少说 / 050

呈现——通向觉察 / 052

第三章 / 基础卡团体技术 / 063

用卡牌来玩只言片语 / 066

主题故事 / 072

故事接龙 / 077

礼物 / 093

利用团体的力量 / 095

第四章 / 基础卡个体技术 / 101

基础卡个体技术——不定向探索 / 104

卡牌故事与解读的第一条线索——三类故事 / 109

卡牌故事与解读的第二条线索——投射差 / 112

卡牌故事与解读的第三条线索——象征性 / 114

卡牌提问技术 / 138

个人技术使用过程的三个基本环节 / 140

个人技术案例展示 / 142

第五章 / 克服卡 / 155

克服卡的来源及使用目的 / 157

克服卡的隐含原则与克服渠道 / 160

前导工作——克服卡的卡牌分组 / 166

克服卡技术——英雄之旅 / 170

英雄之旅案例演示 / 188

第六章 / 灵活使用OH卡牌 / 201

有明确目标的探索工作——定向探索 / 204

克服卡团体技术——感觉之轮 / 209

基础卡的经典使用方式——爱是…… / 211

自由拓展卡牌——卡牌绘画 / 212

第七章 / 卡牌案例 /213

是什么阻碍着我达成梦想？ /215
从错误中升华——重审原生家庭与自我 /226
支持与考验——英雄的旅程 /234

附录　OH卡牌其他卡组简介 /242
参考图书 /244
后记 /245

说明：本书中所有出现对话的案例均经案主知情同意，案例文稿均由案主本人审定并同意在本书中呈现。

前言　镜中的自我——由故事开始

最早接触OH卡牌的时候，我就觉得这个工具非常有趣。在一般的咨询面谈过程中，来访者找到咨询师，借助OH卡牌开始讲述自己生活中的种种问题。从一开始，卡牌就直接连向感觉，或者直接指向故事。我很喜欢听到不同的人，面对同样的图卡，讲述着完全不同的故事，因为在每个故事背后，都有一个真实生动的人。

我们的潜意识藏在意识与行为的背后，不容易被发现。潜意识是愿望与欲望的栖息之地，你的每个行动都可以在潜意识的迷雾中寻到动机。当潜意识想告诉我们讯息时，如果我们总听不到，可能会以做梦、口误、强迫性重复等方式提醒我们。OH卡牌，正是一种帮助人们与潜意识沟通的工具。卡牌本无意义，就像一面镜子，把投射以故事的形式展现出来，给我们在通往潜意识的路上打开一扇门。对于一些讲述者而言，当他讲出自己的故事——也许看起来只是对卡牌"看图说话"，但他就已经知道了自己问题的所在甚至答案。即使过程没有这么神奇，通过我们对故事的呈现与适时的提问引导，我们都有机会对自己产生更多的了解和觉察。

即使作为卡牌活动的带领者,也能够在故事中得以成长和学习。我已经听过了数千人的故事,但仍会被一些新的视角、新的故事所打动。看到他人展现出来的一个个有趣、奇妙、全新的世界,这让我感到惊奇,也引发我的思考。在我的学生中,不止一个人这样对我说,他们在个案的实践中听到了一个非常有趣的故事,这些故事简直可以直接变成一部非常有趣的小说。当然,也真的有人在征得对方的同意之后试着把卡牌的故事改编成短篇小说。

通过OH卡牌这面镜子,我们有机会窥见那个难以被照见的自我。希望各位能够借由这本书,找到一条通往自我和他人潜意识的路径。

第一章

与OH卡牌相遇

一位女士的故事

有一次我外出讲课结束,在回程的火车上整理卡牌,当时车厢很空,相邻的座位上只有一位女士。她看到我拿着卡牌,好奇地问我这是什么,是不是塔罗牌?我为她解释说这并非塔罗牌,是一套心理学的工具,叫作OH卡牌。这位女士很感兴趣,想要试试这组卡牌能做些什么。考虑到时间有限,环境又不太安全,所以我让她抽一张卡牌试着讲述个故事,她便抽到了这张卡。

她说这张卡牌上是一对夫妻,妻子有自己的一些想法,想要说服丈夫。这位丈夫似乎倨傲而且固执,虽然妻子很努力地说,但是丈夫好像并没有认同妻子的说法。

我询问她这位妻子的感受,女士说这位妻子既害怕又愤怒,很希望丈夫能够接受自己的观点,但是又觉得没有什么希望。

当我问及这样的情境和感受会

让她想到什么时,这位女士说,这好像就是生活中她和丈夫之间的状态。她觉得有时候丈夫不太顾及她的感受,但是在她表达这些时,往往又得不到丈夫的回应。每次出现这样的状态,都让她感到愤怒和无助。

我回应这位女士说,好像她自己也不太相信这样的方式能取得效果,在她的故事中,妻子觉得说服丈夫似乎是没有希望的,这位妻子好像还在坚持这样做,虽然这样的方式让她感到害怕,但是又没办法停止。

"是这样,"这位女士说,"我在这样的时候总是担心他会突然生气,或者因为我的说法和我吵起来。"

我回应她说在这张图卡上两个人物的大小好像相差比较多,虽然妻子是主动地在发起对话,但是好像并不处在一个主动的位置。说到这里时这位女士突然有一个感觉,这张图上或许并不是她和丈夫,而是小时候的她和父亲之间的状态。在这位女士年幼时,她的父亲工作很忙,有时当她向父亲提出一些要求时,父亲总是没有满足她。当这种情况发生得比较多之后,她感到委屈和愤怒。她尝试过和父亲沟通她的感受,但是父亲好像并没有理解她的说法,也没有给予她正面的回应。父亲的沉默有时让她感到害怕。当她逐渐长大,在遇到需要向他人尤其是男性讲述自己的感受或提出要求时,总会让她感到绝望和害怕。她之前也隐隐有过这样的感觉,但在她想到这和父亲有关之前,似乎并不是很清晰。她只是觉得,在这样的情境下似乎她很难和他人沟通,而且似乎很容易演变成争吵或者自己生闷气的状况,这也进一步让她变得不敢向他人表达自己的想法和感受。

我反馈给她说:"好像你虽然已经长大,有了自己的家庭,但是在面对你丈夫时，似乎还是像当年面对父亲时的孩子一样，感到委屈和愤怒。"这位女士当时一愣，之后她说："好像是的，在他沉默的时候我感觉很像是在面对爸爸。在和他沟通的时候，我真的像是一个孩子。之前他也曾给我反馈过，觉得那时候好像不知道怎么应对我，说我是孩子脾气。"

"听你这么说，他之前也是给过你一些回应的。"

"是的。现在再看这张卡，我觉得似乎和之前有点变化了。我觉得图卡上的丈夫似乎也有点害怕，所以他的身体好像在向后倾，似乎是要躲避这个愤怒的妻子。但是与此同时，他似乎是蹲下来的，看起来还是在努力试图听下去。"

"嗯，你觉得这个画面之后会怎样发展下去呢？"我问她。

"妻子感受到了丈夫的害怕，所以也觉得是自己的情绪太激动了。当妻子开始冷静下来时，她发现丈夫似乎也并不像自己之前认为的那样固执，而是愿意听自己说话的。"

"这时候妻子的感受会有变化吗？"

"会。妻子好像不那么愤怒了，反而对自己之前的表现感到一丝羞愧。她在想，或许之前自己错怪了丈夫，仔细想想看，其实在自己提出一些要求之后，丈夫还是尝试去做了的。也许他做的事情没能让妻子感到那么满意，不过对于妻子来说，能看到这种意愿是最重要的。"

"我注意到，在你原本的故事里，妻子对于沟通的结果是不抱希望的，这好像和你之前提到的绝望很相似。似乎在沟通开始之前，你已经断定沟通不会带来好的结果。但是现在故事发生了一些变化，好像这位妻子看到了丈夫的付出和改变，这似乎已经带来了希望。对妻子来说，能感受到这个部分，沟通似乎已经达到了效果。"

"是的，之前我好像把这件事情想得太困难了，现在看看，好像事情并没有我想象的那么悲观。"

短短的一次卡牌体验就这样结束了。在这之后，我询问这位女士在这次卡牌体验中的感受。她告诉我说觉得卡牌非常的神奇，这么巧就抽中了这样一张图卡。在十五分钟的时间里，她觉得自己的情绪经历了好几次大的起伏，从最开始的愤怒到中间的绝望无助，再到后面的羞愧，直至平静。这个过程帮助她梳理了自己和丈夫之间的情感关系，也让她重新反思了自己在婚姻中的行为。在最后她再次好奇地问我，如果今天抽到的不是这张卡牌，还会有这样神奇的效果吗？

我告诉这位女士，我不敢保证这种神奇的效果每次都能发生，但是OH卡牌就是一个这样的工具，它像是一面有趣的镜子，可以映照出我们内心的感受和态度。或许换一张卡牌，我们会从另一个角度，用另一种方式来探索自己的内在。

在告别时，这位女士询问我OH卡牌是不是可以自己玩，我告诉她，这是可以的，但不能轻易给人做治疗。她表示她也想买一副卡牌，自己玩一玩试试看。

一

什么是OH卡牌？

OH卡牌（OH Cards）是1982年由德国人莫里茨·埃格特迈尔（Moritz Egetmeyer）和墨西哥裔的艺术家埃利·拉曼（Ely Raman）共同研发，是一种自由联想及潜意识投射的系统，也被称为"潜意识直觉卡"。因为这套卡牌使用起来非常有趣，又能带给人惊奇的感觉，所以近年来逐渐受到大家的喜爱。因为这组卡牌是OH卡牌系列的第一个卡组，它也被称为OH卡牌的基础卡，在本书中，我们简称为基础卡。

OH卡牌共176张，由两组牌组成：其中一组是图画卡（以下简称图卡）88张，是各种不同场景的水彩画图案；另一组是引导卡（以下简称字卡）88张，上面有文字，可以作为这些水彩画图案的背景。

当选择任意一张图卡放进任意一张文字卡内，就会有7744种不同的组合。

或许你会感到好奇，为什么这组卡牌又被称为OH卡牌呢？有这样的一个说法，因为OH在英文中是一个感叹词，就是"噢"的意思，所以我们也可以理解为OH卡牌就是"噢！卡牌"。它会有这样一个有趣的名字，也是因为很多人在使用这组卡牌的过程中，常常会发出这样的感叹："噢！这组卡牌真有趣！""哇哦！它太神奇了！""噢！它真的好准！"因为这样的原因，最后这组卡牌就被冠以OH卡牌的名称。作为一个投射工具，OH卡牌如同一面镜子，我们可以借助它来观察我们的潜意识和思维模式。

说起OH卡牌，如今它已经不是单独的一套卡牌。1984年，莫里茨老师回到德国后开始研发并结合心理游戏及邀约其他艺术家共同创作发展成十余种的相关牌组，并且发行了超过22种语言的版本。除了上面我们提到的基础卡之外，后续又推出了克服卡（COPE）、伴侣卡、人像卡、土著卡等一系列卡牌。这些卡组中，大部分仍然使用自由联想与潜意识投射的系统，但与基础卡有所分别，专注于不同的功能。本书中我们会对克服卡（COPE）及其使用技术作出比较详细的介绍。

在我使用卡牌的过程中，也有不少人好奇地问到我，为什么当初选择使用卡牌这个工具？我个人觉得，OH卡牌最大的优点就在于其灵活性和趣味性。能有机会听到各种各样不同的故事也是我喜欢使用卡牌的原因。相比传统心理咨询的谈话治疗，卡牌显然更为生动有趣。在我带领OH卡牌沙龙或团体的过程中，常常听到参与者的开怀大笑，门口路过的人都会感到好奇，是什么课上得如此有趣。我想一个心理技术如果更好玩或者有趣，在使用的过程中让来访者感到轻松，可能更容易达成效果，至少，让来访者更愿意使用这个工具来进行探索。

注：本书中，我们对卡牌的操作者称呼为带领者，对卡牌的使用者称呼为来访者，下同。

OH卡牌与传统卡牌的区别？

OH卡牌刚刚被引进到国内时，经常被与传统卡牌进行比较，很多爱好者在刚刚接触OH卡牌时常常会问，OH卡牌和传统卡牌有什么不同？

如果你曾经接触过传统卡牌，会发现在大部分卡牌中，每一张卡牌都有其专属的牌意，其图像也跟牌意相吻合。OH卡牌则没有固定的牌意，任何一张牌都可以被观察者赋意，从而具有独特的意义和价值。

OH卡牌和传统卡牌最大的区别，在于其背后的指导理论。作为一个心理学工具，OH卡牌的核心理论是自由联想和投射技术。在OH卡牌设计之初，也曾借鉴传统卡牌的玩法，有牌阵的使用方式。不过一般在使用OH卡牌的过程中，我会比较少地使用牌阵来进行工作。其原因在于，如果使用牌阵，处于牌阵位置上的卡牌就事先被赋予了某种意义或价值。举例来说，如果在牌阵中，某张卡牌代表解决问题的资源，那么在进行探索的过程中，来访者就比较容易从这张卡牌的内容去寻找某种资源。这意味着在进行工作之前，已经存在了某种神秘性与暗示性——某张卡牌处于这个位置是有意义的。因此建议在OH卡牌的使用中尽量减少可能产生的暗示影响，更多让来访者自由地进行联想和表达，以保证使用过程的安全和有效。

一

OH卡牌与传统卡牌的区别？

OH卡牌刚刚被引进到国内时，经常被与传统卡牌进行比较，很多爱好者在刚刚接触OH卡牌时常常会问，OH卡牌和传统卡牌有什么不同？

如果你曾经接触过传统卡牌，会发现在大部分卡牌中，每一张卡牌都有其专属的牌意，其图像也跟牌意相吻合。OH卡牌则没有固定的牌意，任何一张牌都可以被观察者赋意，从而具有独特的意义和价值。

OH卡牌和传统卡牌最大的区别，在于其背后的指导理论。作为一个心理学工具，OH卡牌的核心理论是自由联想和投射技术。在OH卡牌设计之初，也曾借鉴传统卡牌的玩法，有牌阵的使用方式。不过一般在使用OH卡牌的过程中，我会比较少地使用牌阵来进行工作。其原因在于，如果使用牌阵，处于牌阵位置上的卡牌就事先被赋予了某种意义或价值。举例来说，如果在牌阵中，某张卡牌代表解决问题的资源，那么在进行探索的过程中，来访者就比较容易从这张卡牌的内容去寻找某种资源。这意味着在进行工作之前，已经存在了某种神秘性与暗示性——某张卡牌处于这个位置是有意义的。因此建议在OH卡牌的使用中尽量减少可能产生的暗示影响,更多让来访者自由地进行联想和表达,以保证使用过程的安全和有效。

卡牌如何达到神奇的效果？

之前我们提到OH卡牌的理论基础是自由联想与投射，那么投射到底是什么呢？卡牌又是如何通过投射来帮助我们了解他人和自我觉察呢？投射是一个心理学名词，指的是我们把自己的思想、态度、愿望、情绪等不自觉地蕴含于外界事物或他人的一种心理反应。在心理圈中有句话叫作无处不投射，意思是说生活中投射的影响是无处不在的。

在我们日常的生活中，哪些方面体现出投射的影响呢？比较典型的一个情境是，当我们接触一个陌生的群体时，我们会对陌生的成员带有不同的感觉。相信大家都有过这样的体验，在我们升学或进入一家新的企业时，我们都会面对一些完全陌生的面孔。这个时候你可能对其中的一个或几个人感到亲切，认为对方比较容易亲近，但对于另外一些人，你可能感到有些畏惧，很难主动去和对方交流。其实我们想想看，对方都是完全陌生的人，为什么我们的感觉有所不同呢？而且有时候很有趣，在日后接触的过程中，你觉得那些容易接近的人，往往也真的比较容易接近，在你们交谈过之后，更容易成为好朋友。但这也不是完全准确的，也可能最开始让你觉得难以亲近的人在偶然的机会交流过之后，你会感觉这个人并非表面看上去那样严肃或者冷漠，而是一个直率热情的人。这意味着在最开始你见到这些陌生人的时候，已经给他们赋予了一种感觉或者判断，这个判断并非来自你对他们的了解，而是出自你内心的一种感觉，这其实就是一个投射的过程——我们把自己内心对这个陌生人的感觉加在对方身上，认为对方就是这样的人。有趣的是，这个感觉常常是有效的，这一方面是因为在与有亲近感的人接触时我们更为放松，比较能真实地表达自己的感受。另一方面，这也是因为我们过去有一些经验，在这些人身上感受到了某种舒适的气息。这个过程就是在动用我们的潜意识或者直觉，但往往我们自己并未觉察。

通过这个例子可以了解，我们会把内心一些无意识的感受通过投射的作用表达出来。如果我们能发现这个投射过程并进行反观，就有可能了解到我们内心的真实状态。心理学领域中常常通过对投射做出测量来了解一个人的心理倾向，这就是投射测验。

现在网络上流行的一些趣味心理测验很多就是使用了投射测验的基本理论模型。

例如，用我、桥、兔子和钥匙这四个词造个句，超准的心理测试！可以看出你潜在的价值观。

之前这个测试很流行，大家做过这个测试吗？在这个测试中，我代表着自己，兔子代表着爱人，桥代表人生，钥匙代表财富。如果我们造的句子是"我通过桥从兔子手里拿到钥匙"，在这个测试中就被解释为，我在人生中遇到了我的爱人并从他那里取得了财富。

这个测试真的准确吗？有的人觉得还是挺准的，但这并不代表这个测试就真的具有严格的心理价值。其原因在于，桥、兔子、钥匙等确实具备一些象征性，但是每个人对这些象征物的理解差别比较大，所以象征物与象征含义之间缺乏足够的统一性。因此,对于那些听到兔子就想要把它吃掉的朋友,这个测验解释起来就不是太靠谱了,所以它应该算是趣味测验的一种。不过这个小小的测验还是说明了一些投射测验的使用方式,就是我们先选择一种投射物,诸如上述测验中的兔子、钥匙等,然后我们让被试者通过联想来对这些投射物做出反应,比如造句、讲一个有逻辑的故事、排列顺序等。排列顺序的趣味测验也有很多,比如进入森林,带了五种动物,分别是老虎、猴子、狗、孔雀和大象,当你遇到危险,需要放弃动物才能活下来,你会如何排序。这就是一个通过排列顺序来进行的投射测验。这种排列反映着一种态度,这个态度可能就是我们对事件的认知和行为模式。当然,这个测验也存在和前述测验相同的问题,所以准确性有限。

我们可以把卡牌的使用过程也视作一次投射测验。在卡牌出现之前,投射测验在心理学领域已经得到了广泛的应用,经典的投射测验包括罗夏墨迹测验、主题统觉测验、绘画心理测验等。近些年来广受欢迎的心理沙盘,其实也可以被看作投射测验的一种。因为OH卡牌和沙盘具有一定的相似性,因此OH卡牌也被称为"移动沙盘"。

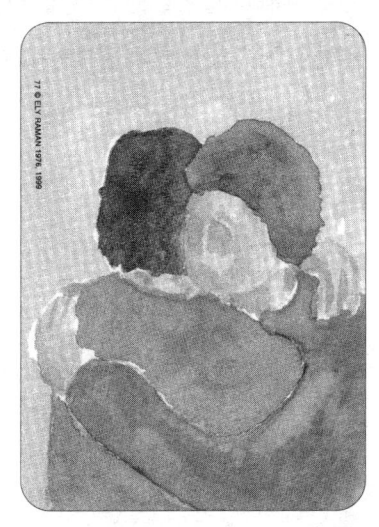

如果我们观察卡牌,会发现图卡的画面似乎不太清晰,甚至有些卡牌不太容易理解它到底画了什么。正是借助这种不清晰,在观察卡牌之后,使用者更容易对它做出独特的个人化解读。就如右边这张图卡:

你在这张图卡上看到什么？你可能看到的是两个拥抱的人。这两个人有什么样的关系？或许他们是一对恋人，也可能是父子或母子，也有可能是两个久别重逢的朋友。正是由于图像的模糊，我们没有办法明确这张图卡中的人是男性还是女性，我们也不能确定他们的年龄。看不到他们的表情，我们也没有办法确定他们的情绪状态。如果在你的感受中，他们有了明确的定义，比如你在看到这张卡牌的时候，第一反应是朋友的重逢，这就意味着你已经为本来不确定的情境赋予了一种价值。这个价值并非卡牌本身蕴含的，而是属于你本人。如果你接续这种赋值并讲述一个故事，这个故事也是源于你自身。这意味着，在我们观察卡牌时，我们的感受以及故事，都是我们自身的投射。这就是卡牌作为潜意识一面镜子的功能，我们惊讶它的神奇与准确，其实是因为我们恰好通过这面镜子能够看到自己的内心。当我们描述我们内心世界的感受，讲述着属于自己的故事，它如何能是不准确的呢？当然，在我们把卡牌形成故事的过程中，这个真相可能又被故事掩藏起来，但我们如果有良好的觉察能力，再加上适当的理解方式，还是能够找到通往内心的那条小径。

一

卡牌的治疗因子

OH卡牌能够帮助我们更好地自我了解，探索潜意识。那么它是否能够起到治疗的作用，帮助我们在遇到困惑的时候有效地缓解情绪、释放压力并推动问题的解决呢？在卡牌使用的过程中，我对于卡牌能够起到的作用做了一些总结，归纳了卡牌起到治疗作用的三个主要因子。

1.释放焦虑

大多数人可能都有过这样的体验，当我们遇到一个自己难以处理的状况或情绪时，可能会找个朋友倾诉。在说了一大堆之后，可能也不见得真的说清楚了自己到底有什么样的想法和感受，也未见得就在此之上获得了问题的解决方案，但还是感觉比之前轻松一些。在心理咨询的过程中，也会有一部分人是有明确的宣泄需要的，有一些事情可能不便于向周围的人讲，比如一些不够道德的行为或是念头，或涉及个人隐私的一些事件。这些事情如果能向咨询师倾诉，也会让来访者感到轻松。在这个过程中究竟发生了什么呢？我们拿另外一个工具沙盘来做个例子。欧洲因为第一次世界大战和第二次世界大战，在战争中产生了大量的战争孤儿，这些孤儿失去了家庭，甚至其中有些亲眼看见父母被杀。对于受创伤的儿童，常见的一个反应就是出现自闭的症状，这些孩子到了孤儿院之后可能不太愿意和其他人交流。后来有一个孤儿院在门口准备了沙子和水，让孩子们可以自由玩耍。过了一段时间，大家很惊讶地看到，这些孤儿开始发生一些改变，他们开始彼此交流，也愿意和其他人沟通了。这种现象引起了心理学者的兴趣——这些孩子在玩的过程中并没有什么治疗，也无人陪伴，这中间发生了一个什么样的过程，让孩子得以改变呢？这里就是我们提到的释放焦虑的治疗因子在发挥作用。在近些年，表达性艺术治疗得以长足的发展，包括了绘画治疗、沙盘、舞蹈治疗、音乐治疗等，在这些治疗中，来访者通过主动地创造和表达，来呈现自己的情绪，对于一部分通过谈话难以表达清楚的内容，能带来比较好的效果。

当我们主动去创造一个故事、一个情境的时候是可以释放焦虑的。OH卡牌形成故事的过程，就是创造的过程，实际就在释放焦虑。即使卡牌带领者不做干涉，这个治疗因子也会发挥作用，可以说讲了故事就有意义。特别是孩子使用OH卡牌的时候，在大多数情况下孩子讲完故事即可，偶尔需要我们对故事进行补全，但基本不需要进行分析。

2.整理

我们内心的想法和感受通过故事来进行表达的时候，往往是破碎和凌乱的。其实生活中的实际事件也是如此——我们周围的事件往往是复杂和多变的，在经历事件的过程中，我们对于时间的认知往往也是碎片化的。比如一个人经历了一段恋爱之后失恋了，在恋爱的过程中，他可能经历了很多时刻，有的时刻很温馨，也有一些相当痛苦。除了感受的复杂性之外，恋爱可能还受到现实因素的诸多影响，这些事情本身是缺乏逻辑性的。当这个人把自己在恋爱中的感受投射到卡牌上来，他讲述的故事很可能是没有逻辑性的。这种情况阻挡了他对于这段感情的认识，往往让他关注在整个事件中的某一细节上，难以全面和清晰地看到整个过程。在卡牌的使用过程中，带领者的一个重要工作就是帮助来访者对故事进行整理和补全，对碎片化的认知加以整理，帮助对方去发现和觉察在事件中自己的真实感受和关系模式。这个过程会帮助来访者对自己的经历进行整合，重新梳理自己的经历和感受，从而有机会从全面和整体的角度上对自己的经历进行再理解和再解释。

3.突破限制

突破限制的治疗因子意味着我们对于原有的感觉或者经验组织模式的打破，这个过程帮助我们重新解释自己的感觉和经验，从而有机会从另外的视角来看待和解决问题。我们会发现，如果有一个人目前面临一个难以解决的问题，那么很有可能在之后的数次玩卡牌的过程中，他会重复讲述和这个主题相关的故事。或许每次拿到的卡牌、讲述的故事都有变化，但是其中包含的故事内核依然如故。这种情况一方面说明了我们的潜意识也具有一定的整体性和稳定性，在核心的焦虑被解决之前，潜意识始终在关注这个焦点；另一方面它也反映着我们常见的一个状态——我们按照之前固有的思维模式或行为模式来面对问题。这种固有模式虽然感觉上最容易，但常常是无效的解决方案。举例来说，如果一个人失恋了，他一直怀念着对方身上的优点，就比较容易哀叹自己错失了最佳的选择。这种状态让他感到痛苦，他希望能够摆脱但是又无能为力。直到有一天他能打破这种惯性的思维模式，发现自己其实已经做得很好，或者感受到对方身上也有自己无法接受的部分才导致分手，他才能够逐渐从失去的痛苦中摆脱。其实也不妨说，这时候他已经重新定义了这种"失去"，或许是认为这种失去必然发生，从而接纳了现状，或许是他已经不再认为这是真正意义上的"失去"。在原有的思维模式中，他可能是丧失了对方身上好的一面，而现在，他或许觉得摆脱了对方身上不好的一面。

在卡牌的使用过程中，突破限制的治疗因子可以通过两种模式来呈现：

1.直接突破字卡或图卡本身的内容

直接突破指在来访者对字卡或图卡进行表述的过程中，表达与表面内容相反的意思。在大多数情况下，来访者会顺着图卡或字卡呈现的内容来进行讲述，能够突破限制的人比较少。举例来说，如果来访者拿到的字卡是"失败"，但是他讲述的故事是通过谨慎行事而避免失败，这意味着他突破了字卡本身字面意思的限制。突破限制可以看作一种创造，但是这种突破限制有可能与来访者对图卡或字卡内容的防御有关，比如来访者试图回避或否认他身上存在的问题。在这种情况下，我们可以将这种突破视为来访者身上的一种资源来进行呈现。

2.重新解释

在我们理解卡牌和讲述故事的过程中，随着过程的进行，我们会和卡牌的内容建立越来越紧密的连接。比如说我们把一张图卡匹配给字卡，在最开始的阶段，很可能我们只是感觉图卡上的某个信息与这个文字能够产生对应关系，甚至还是很牵强的关系。但随着讲述的过程，这种连接会变得紧密，有时甚至让我们感到惊讶——它们竟然如此匹配，以至于看起来它们本来就应该是一组。这可能是因为在讲述的过程中，我们的潜意识逐渐意识化，原本未察觉的信息变得可以被意识到。这时候，两张卡就形成了比较稳定的解释系统。

当这个解释系统被建立起来，它可能已经在反映着我们的思维模式。在操作卡牌时，我们有时会邀请来访者重新观察这种匹配，试试这种匹配能否发生改变。如果对方可以改变匹配并重构新的解释，这在一定程度上意味着来访者在突破其原有经验的限制。与直接突破相比，这种方式更为可靠。尤其是不需带领者邀请的改变匹配——来访者在讲述的过程中自我发现并决定改变原有的匹配，往往意味着来访者有顿悟或者新的觉察。除了重新匹配字卡图卡的改变之外，来访者对于卡牌顺序的改变、更换新的卡牌、改变故事的讲述方式或者结局，都可以视作对原有情况的重新解释。

OH卡牌使用的基本原则

没有标准的答案：对于任何一张卡牌，无论是字卡还是图卡，都没有确定的内容。无论他人在卡牌中看到什么，都没有对错之分，我们要尊重他看到的可能与我们不同。

没有固定的解释：卡牌本身没有固定的意义，如何来解读卡牌是每个人的自由。我们需要尊重对方对卡牌的解释以及感受，不从自己的角度加以评判。

尊重隐私：在玩OH卡牌的过程中，我们相互尊重彼此的隐私，不对与探索无关的隐私好奇，并对他人暴露出来的隐私保密。

尊重选择：持卡的人拥有卡牌的解释权，他可以选择解释或者不解释自己的卡牌，不要质疑或者挑战对方的弃权。

尊重时间：在OH卡牌的进行过程中，我们为对方保留充分的时间来进行表达，不打断对方的陈述或者思考。

在卡牌的使用过程中，每个人都有自己独特的理解和视角。从图卡与字卡匹配的角度上看，按照一般的使用习惯，我们会以这个角度来观察卡牌：长—宽。

但是这并非卡牌使用的定则，在文字卡上，我们能看到在红框四周都有相同的文字，这也意味着可以选取其他的视角来对卡牌进行观察。我们拿下图来做个例子：

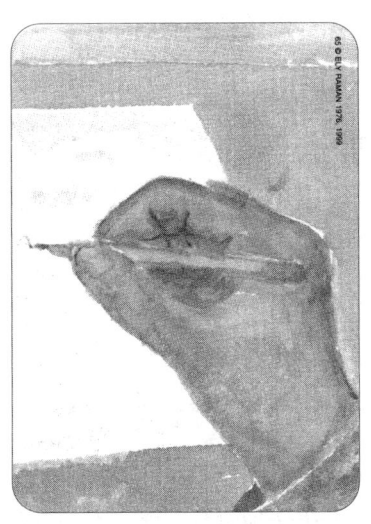

在这张图卡上，大部分人看到的是一只拿着笔的手，似乎正在面前的纸上要写些什么。但是在一次卡牌团体的带领过程中，有一位成员讲述了一个与众不同的故事。

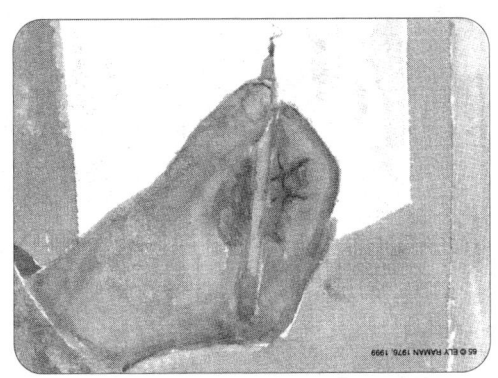

她是以横向的视角来解读这张卡牌的，在她的故事中，她说这是回家的一扇门。这是一扇对开的门，很厚重。图中是一位女士费力地推开这扇门进入到房间内，但是沉重的门自动关闭，把这位女士身上穿的长裙的拖尾夹住了，图中棕色的部分就是这位女士被夹住的长裙拖尾。这个故事讲出来之后，在场的成员都感到惊奇。大家纷纷尝试从这个视角重新观察这张图卡，有些人能够理解这位成员的描述，有些人则不能。因为有的成员对这张图已经形成了非常鲜明的印象——这就是一只拿着笔的手。

遇到这样的情况，我们应该怎么去理解和应对呢？前面我们讲述了卡牌使用的基本原则，我们首先要尊重使用者的视角和解读，不要对此加以纠正和评判。如何去观察卡牌，这是使用者的自由。在这个时刻，不要去提醒对方"你看卡牌的方向不对哦""你要不要换个角度再看看"，这样的言语会被对方感觉到是对他解释的一种否定。如果是在团体进行的过程中，我们也要注意不要让其他成员去质疑这位成员的解读。

在来访者的描述中，回家的门是对开的。在房树人绘画心理测验中，如果来访者绘制对开的门，常常被解释为渴望拥有伴侣，或者是内心有怀旧的情绪。在这个案例中，故事中的女人想要回家，但似乎这扇沉重的门让她感到吃力。当我和她谈论到这个部分时，她反映确实最近家中发生了一些事情，对她来说处理起来有些困难，这让她觉得有点不敢回家面对这样的情况。她进一步体验到在这个过程中自己是孤独的，因为没有人来帮助她打开这扇门，女士身上的长裙，似乎是生活中一些不得不面对和处理的事件，对于进入这扇门，可能增添了更多的麻烦。通过这样的探讨，她有机会看到事件中自己真实的感受,并且尝试去寻找度过这个状态的方案。

我们可以通过这个例子看到,无论来访者以何种视角去解释卡牌,对我们去理解卡牌故事,探索来访者的潜意识和真实感受并不会产生影响。只要来访者能顺利地建立对卡牌的投射并把这种投射通过语言进行描述,我们就有机会去进行工作。对来访者解释卡牌时的尊重和不打断,能够更好地帮助来访者顺利完成投射的过程,意外的视角,有时带来的也是意外的收获。基于此,在团体带领的过程中,我们需要提示其他团体成员,不要在看到卡牌的第一时间说出自己看到的内容,因为这其实已经是一种个人投射,这可能会对其他成员自由解读卡牌带来干扰。当然,这些差异可以在后续的分享中加以探讨,为其他人提供不同的视角。

一
给新手带领者的一些提示

1.讲故事的意义

在OH卡牌的使用过程中,我很强调故事的作用,前面提到过,我们可以把卡牌视作一种投射测验。与一般的纸笔测验相比,投射测探最重要的功能就是绕过防御。在一般的人际环境中,我们跟他人对话都是带有一定的心理防御的,我们会根据场景的需要来调节我们讲话的内容,在不安全的场景中,我们一般不会暴露自己的内心感受或个人隐私。因此,在纸笔测验的时候,如果遇到不想暴露的信息,我们可能会选择回答虚假的答案。即使在心理咨询的工作中,心理防御也是广泛存在的,想要接近对方的潜意识,就需要让对方放下防御。在投射测验中,来访者无法知道自己所描述的内容或是讲述的故事会如何投射出自己的内心世界,所以也就难以掩饰和伪装,这有利于我们了解来访者真实的心理状态。但即便是投射测验,有一部分测验也可能会出现"练习效应",这是指当来访者有意识地针对测验进行训练或测验经过重复使用,有可能仍然出现结果不准确的现象。拿房树人绘画测验来举例,如果一个人预先了解房树人绘画测验的解释机理，他就有可能有意按照某种方式进行绘画来隐瞒真实的状态。OH卡牌能比较好地避免练习效应的发生，其原因首先是很多卡牌使用技术是采取抽卡的方式，如果加上匹配，有七千多种组合，如果再加入其他卡组，这个数字还会成倍上升。这意味着来访者很难在如此庞大的数量前提下进行有意识的练习。其次，卡牌内容往往以故事为主，在故事的讲述中，我们很难事先做好充分的准备。这两个因素让卡牌在心理探索的工作中更有可能确保探索的有效性。

在故事的讲述方面，多数成人故事化的能力并不是很强。相较而言，儿童在卡牌故事化的能力上则要强得多。对于儿童来说，看卡牌来讲故事并不困难。年龄比较低的儿童还没发展出太多的心理防御，所以他们的内心感受会直接通过故事来进行表达。成人在讲述故事上则会有些不同，虽然成人的逻辑性比儿童强，经历也更丰富，但是因为理性和防御的影响，成人反而难以讲述比较长的、天马行空的故事。也不妨说，正是因为成人的经验，所以成人的创造力反而不如儿童。我们来看一个十岁孩子的故事：

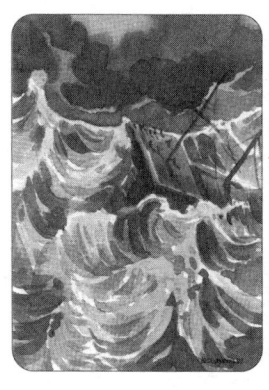 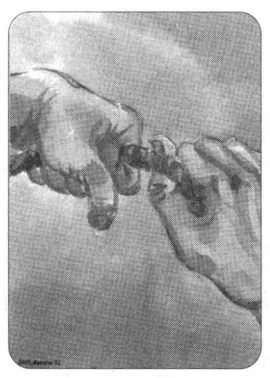 

  这个英雄叫作杰克,他接到一个任务,就是有一次他的爸爸叫他过来,说:"你带着你的帮助者去一个叫作石墨城的地方。"杰克问:"这个帮助者是谁呢?"爸爸说:"他会开船就行。"于是杰克按照爸爸的说法,向前出发,去找帮助者。他去乘船的地方,看到一个人,还背着孩子,他想,这个人在地上趴着干什么呢?于是他就走过去问,那个人告诉杰克,他在做一些准备要去石墨城,杰克很高兴地说那咱们一起走吧。那个人带着杰克上了他的船,往石墨城出发了。在航海的过程中,有一天下起大雨,把他们的船毁掉。杰克他们想,这样不是办法,再这样下去就要淹死了。于是帮助者找出一条绳子,对杰克说:"看,前面有一个小岛,帮我把绳子甩到小岛的树上,我们就能得救了。"于是两个人经过了很长时间的努力,终于把绳子甩到了树上,他们顺着绳索就到小岛上去了。到了小岛之后,见到了小岛上的居民,杰克询问他们这是哪里。小岛上的居民很吃惊地说:"你们是外来的人吧?这里是大名鼎鼎的石墨城。"杰克发现这就是石墨城之后,想到了爸爸的任务,于是他从石墨城买了当地特产的石头,又再买了一条船,然后就带着帮助者回到家里了。

在这个故事中我们能看到，孩子讲述故事可以讲得非常好。他不仅很有想象力，也非常好地解决了故事中的逻辑问题，比如说船毁了却意外到达了目的地。很多人问我，多大的孩子可以开始使用OH卡牌，一般来说，孩子到了可以看图说话的年纪就可以使用了。原则上，与孩子玩卡牌的过程中，听故事更为重要，父母或者带领者参与会更少一些。我们可以通过适当的、有限的问题来对儿童讲述的故事进行补全，了解儿童在故事之中想要表达的想法和情感。曾有一位我的学生和她的儿子玩卡牌，当听到孩子在故事里讲到主人公很害怕爸爸妈妈批评的时候，突然明白自己在教育孩子的过程中可能过分严厉，给孩子带来了伤害，这个故事帮助她改变了对孩子的教养方式。

2.工作态度——不求有功，但求无过

通过故事化可以起到绕过防御的效果。因为在讲故事的过程中，故事和讲述者本人看起来是毫无关联的。也就是说，通过这样一种讲故事的方式，我们不知不觉地把自己的内心感受通过投射的方式讲述在故事之中，但因为我们自己并不知晓这个过程，所以不会刻意防御或者掩饰。即便我们对于故事做出一些修饰，有经验的带领者通过恰当的提问仍可能探索到潜意识的内容。当然，这是投射测验的优点，但同时也带来一些风险。正是因为绕过防御，所以来访者不知道自己说了什么，有时候该说不该说、能说不能说的都说了，如果带领者有一定经验，尤其在团体的情境下，会对来访者的故事做出更多保护，避免来访者不希望暴露的隐私在没有准备的情况下暴露在团体之内。如果我们在带领过程中触及来访者不愿意暴露的部分，容易激起来访者的防御，从而否认自己的投射、沉默或攻击带领者。这样的状况

有可能会给来访者带来新的创伤体验。因此，在刚开始学习使用卡牌时，建议大家抱着不求有功但求无过的态度，不要急于探索对方的内心世界或寻求某种解决方案，而是更多引发对方的主动思考。在探索遇到困难时，不要强硬地推动，以免给来访者带来创伤。

3.非指导性

在玩卡牌的过程中，带领者只是比来访者更熟悉和了解卡牌，但这并不意味着带领者比来访者更了解他的处境和心理状况，也不意味着带领者有比来访者更好的处理和解决问题的方案。在卡牌的探索和治疗过程中，带领者所做的工作是帮助来访者发现他自己的内心世界，并根据这个发现做出自己的选择和决定。OH卡牌被设计成一个没有"领导"的工具，因为潜意识的探索无须他人做出评判。如果我们急于帮助他人解决问题，从而在发现卡牌中与我们观念不一致的部分就加以干涉，很可能会影响来访者做出错误的判断和决定。在这个过程中，我们相信来访者并非需要有一个权威来告诉他在他的世界中发生了什么，应该如何去做，我们相信来访者的体验已经存在，这种体验也会带领来访者去进一步觉察和做出改变。

4.平衡取向与一次一结

在前文中介绍了卡牌具备的治疗功能，但这个治疗的功能并不见得能帮助来访者在一次卡牌工作之后就产生脱胎换骨的改变。而且由于卡牌工作的特点，玩卡牌不同于连续的咨询过程，有可能对方玩一次卡牌之后没有后续的参与机会，因此在卡牌的工作中，我们不轻易触及太过深刻的心理主题。同时，在发现问题的过程中，我们也帮助来访者了解自身的资源，帮助他探寻问题的解决方向，意识到自己具备着问题解决的能力，这就是卡牌工作中资源与问题平衡的取向。之所以有这样的考虑，是因为我曾有这样一个经验：我的一位学生去体验了一次卡牌，卡牌的带领者很犀利地指出了她身上存在的问题，但是这个问题并未在当次的卡牌中解决，带领者也未帮助她探索未来的问题解决方案。结果在长达一年多的时间里，这位学生都受到情绪的困扰——她常常想起带领者给她指出的问题，但又苦恼于不知道应该如何去做。直至一年多以后，她有机会再和我一起工作去讨论这个问题，又花了不少时间才得以解决。这个事件让我考虑到，或许带领者对于来访者的保护，不仅仅在于保护来访者的隐私，避免造成二次创伤，可能也包括不要带给对方一个无法处理的焦虑。出于这样的原因，我比较倾向在卡牌工作中，尽量每次结束都带给来访者"完成感"，也就是说，来访者愿意把卡牌工作的过程纳入自己的解释体系，而非带着某种强烈的情绪结束卡牌的探索。

5.了解卡牌

如果我们希望做一个合格的带领者，对于卡牌的了解是必要的。在本书中，我们也会对部分卡牌做出一些介绍和探讨，但更多熟悉卡牌的工作需要我们自己完成。在我带领卡牌的长程小组（指以卡牌为工具，每周一次固定时间、固定人员的小组形式）时，会有人这样说："这张卡牌好陌生，我之前好像从来没见到过。"如果我们不熟悉卡牌，在他人使用的过程中，我们可能会因为种种原因，比如在团体带领中距离的原因，或者个案过程中观察角度的原因，无法清晰卡牌上的内容，从而阻碍我们恰当地提问，或者对内容产生误读。对于新手带领者来说，至少大体熟悉每张卡牌是很重要的。

6.用卡牌工作

我们使用OH卡牌来进行探索，这意味着工作的方式有别于聊天或者谈话咨询，不要把卡牌只是当作一个发现来访者问题的工具来使用。我们会讲述某个故事，或者对某张卡牌产生感觉，这往往代表我们被卡牌中的某个信息触动。当来访者使用第一人称来讲述故事的时候，或者直接述说自己的事情，我们不要直接与对方探讨现实问题。因为如果这样做，往往我们就顺着来访者的现实事件而工作，卡牌在这里就没有了作用。我们需要有一个考虑，在来访者面前的卡牌中，有什么因素让来访者说出了之前的内容。我们可以问问来访者，在这张卡牌上，是颜色、画面、人物还是其他的什么信息让他产生了感觉？这样我们就把来访者重新拉回到卡牌的情境中来。下面，我们用一个例子来说明如何在卡牌中工作：

来访者的叙述：我从2013年开始就对心理学很感兴趣，在四年的时间里我也做了很多学习，也尝试做一些相关的工作，我觉得我是很努力向咨询师的方向发展的，但是好像我一路走得都不够坚定。我现在的工作是比较稳定的，就是工作有时会很烦琐。我很希望能在心理方面做得更专业一点，但好像始终没有拍出那一掌。现在看看，之前和我一起学习的同学有的已经做得很不错了，可我好像还是持续在原来的情形中，也不是很努力地去寻找机会，所以我很想在卡牌中探索一下，我为什么会这样。

在来访者的叙述中我们可以注意到，他直接讲述了自己的生活事件。这个时候如果我们直接询问和这个事件有关的问题，就容易陷入对现实问题的讨论中去，这样卡牌就无法发挥作用。如何重新回到卡牌中去呢？我们看看接下来的进展。

带领者：卡牌上的什么信息让你讲到之前的内容呢？

来访者：看到图卡上的人在发力吧。

带领者：发力。

来访者：对，正在进行时。

带领者：你觉得这个人是在发力的状态，你觉得他想要做什么？

来访者：就像是一个武林高手正在用功，隔山打牛。

带领者：他用功有什么目的吗？

来访者：好像这就是他的工作，他是一个武士。

带领者：好像他正在努力完成他的工作。

来访者：是的。

带领者：你之前也提到你的工作，你在工作中有需要努力完成的部分吗？

来访者：我觉得我的工作和他的状态不一样。我所做的工作有很多不得不的部分。

带领者：你觉得他的状态呢？

来访者：没有被迫，是爱好，所以可以全力以赴地去做。

带领者：你觉得这个人是喜爱自己的工作的，所以才会全力去做。

来访者：是的。

带领者：听起来喜欢的工作会让人全力以赴，但你之前说，你很喜欢心理学，却没有努力去做。

来访者：其实很多也是因为现实的原因，因为今年以来单位一直在加班，周末和工作日的晚上我也常常在工作中。这让我学习和实践的安排都被打乱了。其实我们的加班也没有太多意义，就需要你在那里盯着，这让我觉得挺浪费时间的。其实我想要拒绝，但是我好像也没有那么坚定地拒绝，强硬地说我不想做，好像我也不太能够。

带领者：听起来你不能去做你喜欢的事情是因为没办法拒绝不想做的事。

来访者：嗯，可能喜欢做的事情是之后才需要解决的，我需要先去拒绝那些我不想做的事。

在来访者之前的叙述中我们可以注意到，他基本上没有提到与卡牌相关的内容。我们这时候需要考虑的是，卡牌上的哪些信息引发了来访者的感受。唯一与卡牌可能有点关联的部分是"始终没有拍出那一掌"。这个部分与后来讨论中来访者关注的内容一致——武士在发力。当我们有机会继续探讨这位武士可以全力以赴的原因，才有机会引发后面的话题——在做自己想做的事之前可能需要先拒绝一些自己不想做的事情。这样的方式也正是用卡牌工作的价值和魅力所在，所以我们在用卡牌探索的过程中，一定不要让话题完全脱离卡牌本身，否则就会丢掉很多工作的机会。

常见问题Q&A：

Q：在对初次使用卡牌的人介绍卡牌时，应该注意哪些信息？

A：一般来说，我们介绍卡牌时应注意三个要点，第一个是卡牌的来源，主要目的是让对方了解OH卡牌是一个什么样的工具，以及它能起到的作用；第二个部分是对卡牌的展示，帮助对方了解卡牌的具体情况，包括能够在未来的工作中区分字卡和图卡；第三个部分是对卡牌心理学原理的说明。

Q：OH卡牌和传统卡牌有区别，它可以用来预测吗？

A：其实从理论上讲，OH卡牌也能在一定程度上起到预测的功能，其原因在于我们的行为很多时候是被潜意识所推动的，在我们的意识做出明确的决定之前，潜意识可能已经有了倾向性。很多时候，我们最终所做出的选择是符合潜意识的倾向的。如果我们通过卡牌的进行过程了解到来访者的潜意识以及行为模式，我们可以大致推断他在未来可能采取的行动，甚至行为的结果。从这个角度而言，OH卡牌也是可以用于预测的。但是我一般不建议大家在使用卡牌的时候告知来访者卡牌具有预测功能，因为这可能会给对方带来一定的心理暗示，有可能影响卡牌探索的最终结果。

Q：之前说到资源和问题平衡的取向，如何做？哪些可以被视作来访者的资源？

A：资源的取向意味着我们应更多关注来访者本身的潜力、应对技能等，而不是重视来访者的困难和症状。可以被视作资源的部分包括：来访者过去的成功经验、对于未来的渴望、来访者自身具备的能力和优势、外界的支持力量、物质条件等。

Q：如果来访者讲述的故事本身就很积极正向，我们还需要再做什么呢？

A：一般来说，如果来访者对于卡牌已经有了比较积极的理解，我们不需要刻意寻找其中的问题。不过我们相信任何事情都有好与坏的两面，就如《道德经》所说"祸兮，福之所倚；福兮，祸之所伏"。在来访者只看到积极一面时，我们有时可以提示一下他可能要考虑的风险。

第二章

开始熟悉OH卡牌

一
可以自己做的练习

熟悉图卡：喜欢或不喜欢

当我们拿到一组OH卡牌时，可以尝试先看一遍其中的图卡。以基础卡为例，我们可以试着把八十八张图卡分为两个部分，一部分是观察后觉得自己比较喜欢的图卡，另一部分是观察后觉得不喜欢的图卡。如果有些图卡我们暂时觉得没有什么特别的感受，也可以单独放在一堆。

在分组完成后，我们可以试试从自己喜欢的卡组和不喜欢的卡组中各挑选出一张，并尝试解释自己喜欢/不喜欢这张卡牌的原因。如果希望做进一步的练习，可以试试看将两张卡牌进行调换，如果原本喜欢的卡牌放在不喜欢的位置上，我们会如何解释？原本不喜欢的卡牌中，我们又是否能够发现正向资源？

熟悉字卡：词性分类

对于文字卡部分，我们可以把八十八张文字卡做出正向词（褒义词）、负向词（贬义词）、中性词的分类。

在分组完成后，我们可以从正向词和负向词中各选取一张，并尝试解释自己为什么认为这个词是正向词/负向词。我们也可以继续问问自己，这样的分法是固定的吗？我们是否能够从负向的词语中找到资源，让它可以被分类到正向词或中性词的组别中去？其他组别的词语是否也有机会被更换组别呢？

举例来说，我们拿到的词卡如果是攻击，并且它被放置在了负向词语的组别。我们可以试着用完成句子的方式来看看它是否能够反生转变：

我讨厌来自他人的言语攻击。（负向）

我方的军队向残余的敌人发起了攻击。（正向）

通过这样的方式，我们可能会发现，在不同的情境下，"攻击"这个词语可能拥有不同的意味，它既可以是正向的，也可以是负向的，也可以被划进中性词语的组别。一般来说，经过练习之后，我们会倾向把更多词语放在中性词的组别，这其实就代表我们能够用更多的视角来理解和看待这些词语的含义。

上述两个分组方式也可以作为一个团体活动应用在团体中。在团体情境下，我们有更多的视角来看待同一张图卡或者字卡，通过大家的讨论对卡牌进行分类，也是一个很有趣的环节。

卡牌自我觉察

在日常生活中，有时我们遇到一些问题，想通过抽张卡牌的方式来进行探索，或者我们希望通过抽OH卡牌的方式来多做一些自我觉察和练习。在这种时刻，可以试试用下面的方式来做自我觉察的工作，说不定会带来意外的收获。

从基础卡的图卡中抽取一张图卡，观察这张图卡并尝试完成下述句子。

1.从这张图中，我看到了……
2.这张图卡给我的感觉是……
3.从另一方面来看，这张图还可能是……
4.这张图让我想到了……
5.我想对这张图卡说……
6.这张图卡对我的生活带来的启迪是……

我们举个例子来看看如何使用这个方式来自己玩卡牌：

1.从这张图中，我看到了……

抽着烟等待客人的风尘女子。

2.这张图卡给我的感觉是……

她似乎一副无所谓的样子，很懒散，得过且过。

3.从另一方面来看，这张图还可能是……

也有可能她是在焦急地等待心上人出现。

4.这张图让我想到了……

之前在电影中看到的痴情女子，虽然自己生活受到很多磨难，但还是期待着心上人能够回到自己的身边。

5.我想对这张图卡说……

体会过相思之苦，才知道什么是甜，苦尽甘来的时候才会更加珍惜。

6.这张图卡对我的生活带来的启迪是……

甜也好苦也好都是一种经历,一种体验,生活不会永远痛苦,也不可能一直保持甘甜,心存感激,随遇而安,要像珍惜甜一样,珍惜这种苦的经历,尊重生活中的这种等待。

除了图卡之外,字卡也可以用相同的方式来自己玩,例如:

字卡:压抑

1.我是否喜欢这张字卡?

曾经非常不喜欢。

2.它让你想到了什么?

童年的一个时期,自我封闭,自我否定。

3.如果从另一面去理解,我会想到什么呢?

事情发生之前的自己张扬无知,百无禁忌,无所畏惧。

4.我想对这个字卡说:

是压抑促进了我的成熟,在我的世界里,不仅看到自己的需要,也看到别人的需要。

5.这张字卡对我的生活、工作的启示是?

不要单方面否定压抑的功能,它也是一种成熟的应对方式。

基础卡图卡的分组

OH卡牌本身没有固定的分组，我们在这里对基础卡图卡做出分组，只是为了方便大家有更多的角度去理解卡牌。

单手组：单手组卡牌的显著特征是卡牌上有一只手。在单手卡上，手基本上都是以第一人称视角呈现的，这比较容易在视觉上让我们觉得是自己的手。所以在单手卡组的图片故事中，大部分讲述的是和自己相关的主题。

双手组：图卡上有两只手的卡牌。在双手组中，有一个内容需要我们注意，就是这两只手是否属于同一人？有时在对方讲述故事之后，我们会先入为主地认定图卡上的两只手属于同一人，这有可能导致我们对故事信息的错误呈现。在双手卡相关的描述或是故事中，我们需要向对方进行确认，图卡上的两只手是否属于同一人，如果是不同人的手，这两个人的关系如何。

单人组：

单人组是图片上只有一个人物的图卡。这个卡组的故事与单手卡类似，来访者在有关单人卡的故事中更容易把图卡上的人物认知为自己,在故事中,主人公身上往往也寄托着来访者的一些情感和心理特点。

双人组:

双人组图卡呈现的故事往往与人际关系连接紧密。在双人组的故事中,无论哪张卡牌,我们都可以考虑与亲密关系相关的话题。在双人组的一些卡牌中,卡牌上的人物大小有比较明显的差别,这会容易让我们认为它们与亲子关系有关。但提醒大家注意,它们并不一定只与亲子关系相连接。比如来访者的图卡是哺乳的母亲,故事也和母亲相关,但这不意味着来访者自己是一位母亲。如果我们按照亲子关系的取向进行提问,发现对方没有孩子也还没有结婚,就会显得很尴尬。之前曾有心理学者提出巨婴的概念,意指一个人虽然在年龄和身体发育上已经是完全的成人,但心理发展水平仍然停留在孩童阶段。在亲密关系中,也可能呈现出一方完全照顾另一方的情况。也就是说,这样的体验也可能被投射在母婴关系的图卡中。

双人卡组中还有一个内容值得特别注意,就是两个人物之间的强弱关系。以左边这张背后举刀的卡牌为例:

如果你看到这张卡牌,你会认为它是一个什么样的情景呢?如果这两个人之间存在着强弱关系,谁是强一点的那个,谁是弱一点的那个呢?

在我们问及与强弱关系有关的

问题时，来访者可能会相应地思考这方面的问题，如果这个故事与来访者的现实生活事件发生连接，来访者就会有机会思考在这个事件中自己的心理定位。有些人可能会认为站在前面的人比较强，理由是正因为他更强，所以后面的人才要偷袭。另一些人则认为后面的人更强，因为他从背后袭击，又手持利器。从平衡的角度来看，我们也不妨认为两个人通过这样的方式达成了某种平衡，后面的人通过偷袭和武器拉平了与前面人的差距。对于强弱关系的探讨让我们有机会了解来访者更深刻的内心体验，也为我们调整这种体验提供了机会。

多人组：

多人组卡牌是指在卡牌中有三人或三人以上的图卡。多人组的图卡一般会涉及家庭关系、自我与社会群体的关系、一般人际关系方面的主题。卡牌的故事中，往往反映着我们在这些关系中的自我体验，以及对这些关系的认知。

举例来说，在这张图卡中，来访者认为自己是站在右下角的那个人，而卡牌左上方的几个人是她的同事。她认为这几个人正在谈论一些关于公司内部的消息，她很希望参与其中，但又觉得难以融入。这样的描述反映着来访者对于人际关系的担忧，在后续的讨论中，来访者也表达了对同事关系的恐惧。如果我们让来访者想象一下这之后的画面会是什么样，就有可能看到来访者在面对这样情境时的倾向性。比如，有的来访者可能会说右下角的人鼓起勇气加入人群来进行讨论，并发现大家接受了他的加入，也可能是这个人仍无法参与群体，继续在原来的位置观察，也会有人选择走开，既然不能加入就选择回避。这些都反映着来访者处在群体情境中的想法和行为模式。

动物组：

涉及动物的图卡共有六张，对于不同的动物，来访者会根据自己的喜好做出不同的解读，故事往往差别很大。关于这组图卡，后面涉及象征性部分会再进行个别解读。

环境组：

环境组是没有人物出现，只有环境的图卡。这个组别中根据呈现的具体情境，又可以分为自然环境卡组和生活环境卡组。

医疗组：

从画面人数来看，医疗卡组的卡牌也可以划入单人卡或双人卡，但这三张卡牌明显色调相近，又往往被认为与医疗的内容相关，所以单独区分出来。与这一组卡相关的故事更容易与自身的身体或精神状况相关，也常见与亲友或家人的疾病相关联。

裸露组：

在裸露组中共有三张卡牌，从画面人数来看，都可以划进单人卡的范畴。之所以会把这三张卡牌单独区分出来是因为这三张色调相近，而且都是有关裸体的主题。如果观察这三张卡，我们会注意到三张卡牌又有一些明显的区别，其中一张是典型的女性裸体，一张是典型的男性裸体，第三张因为人物的双手挡在重要部位，所以性别未知。裸露的卡常常涉及性、隐私、自我方面的主题，就我的使用经验而言，这组卡的出现会让一部分来访者感到尴尬，并进一步产生防御。举例来说，曾有来访者以其他视角来解读一张女性身体卡牌，说是一个人掀开窗帘。当然这也并不一定是防御的结果，在之前听到的故事中，也有孩子从其他视角来观察这张卡牌，并描述这是一个人手里捧着一束鲜花。

在实际工作中我们也会遇到一部分来访者表示看不懂卡牌上的内容。这种看不懂有可能是真的没有看懂，也可能是潜意识防御的结果，还可能是对方看懂了故意这样表达。所以在使用中遇到这一组卡牌的时候需要带领者更加谨慎，首先我们允许对方不解释自己的卡牌，也允许对方对卡牌进行更换；其次，如果我们注意到对方回避与性、裸露等相关的话题，不要刻意提示或引导对方往这个方向进行讲述；第三，我们尊重对方对卡牌的任何解释。

抽象组：

抽象组的卡都很难确定画面上的内容到底是什么意义，遇到这个卡组时，带领者和来访者都有可能会遇到一些困难。对来访者而言，对着一张抽象的卡来描述感受和讲故事可能不太容易。对于带领者来说，抽象卡的故事可能更容易显得漫无边际。但从另一个角度来看，正因为抽象组卡牌的不确定性，才让来访者的故事有了更多的可能，也会带来更多的探索机会。在卡牌的象征性线索部分，我们还会对这一组的部分卡牌做个别解读。

一

玩OH卡牌过程中的常用方式

意象的具体化

对卡牌观察之后，来访者产生了一个意象并把它描述出来。我们要对这个意象进行具体化。比如说，来访者提到他看到一个房间，我们继续询问对方在这个房间中可能都有些什么。通过这种具体化的过程，我们把来访者原本描述中模糊的、不清晰的意象逐渐细化和清晰。

意象的扩展

在来访者的故事中也常常出现卡牌画面之外的内容。比如说来访者说起的某个人或某个物体并没有出现在卡牌中。这意味着他已经通过自己的想象扩展了原本卡牌的内容。作为带领者，我们有时也会帮助来访者尝试对卡牌表现的内容进行扩展，比如卡牌与绘画结合的用法。

意象的推移

针对卡牌画面产生的意象常常是在一个较短的时间段内发生的情境，或者可能是一个静止的画面，我们会尝试让来访者在时间层面上扩展这个意象，看看在这个场景之前曾发生过什么，或之后会发生什么。例如来访者说在图卡上看到一个在墙角蜷缩着的男人。这个描述本身是一个静止的场景，我们可能会向来访者提问，之前发生了什么让他这样蜷缩起来的事情吗？这是时间轴的向前推移。我们也可能会问，你觉得这个画面之后会发生什么？这是时间轴的向后推移。通过向前推移的过程，我们可以了解到引发来访者情绪的前导性事件。通过向后推移的过程，我们可以观察来访者在之后的行为倾向——他会如何看待自己的未来，他的直觉中自己将会如何行动。比如说这个在墙角蜷缩的人，如果后续的描述中他通过这种方式自我修复，并重新舒展开来继续后面的生活，这可能意味着来访者能够通过这样的方式来自我疗愈，愿意相信自己可以重新面对生活。一般来说，这种情况表明来访者的预期良好。

意象或故事的改写

来访者所描述的场景或讲述的故事往往和他过去的经验连接，所以带着一定的惯性。故事的改写是通过改变这些惯性的经验组织模式，尝试让来访者按照另一种方式来讲述故事。这会帮助来访者注意到一些他在原本经验中忽视掉的部分。随着讲述的进行，来访者会体验到新的经验，并创造出新的故事结果。

意象或故事的改写可以分成两个层面:

1.直接改变故事:直接改变的方式是带领者通过直接引导,对来访者的意向或者故事加以变化。比如说来访者对一张图卡感到不舒服,带领者提出这样的问题:如果可以让你在这个画面中增加或者删掉一件东西,这样会让你感到更舒服一些,你可能会选择增加或者删掉什么?

2.尝试发展故事:在人本主义的心理治疗中,我们相信每个人都有解决自己问题的能力,随着时间的推移和自我的发展,故事不会永远停留在负性情绪的时刻。就像我们在意象推移中使用的向后推移的方式,我们邀请来访者去看看在他原本的故事结束之后还会发生什么。这种改变不再是直接的现实层面的变化,而是指向未来,看来访者将会如何创造自己的解决方案。

重复技术——多听少说

在心理咨询中，重复技术也被称为复述技术、鼓励技术，是通过对来访者的话进行直接重复，或用"嗯""还有吗"等语句强化来访者表述的内容并鼓励他继续讲下去。在卡牌的工作中，我们可以通过重复技术，让来访者更多地表达，而这些表达将为我们之后的探索带来更多的线索。

一般来说，我们语句的最后一部分往往是比较重要的成分，我们可以选择这个部分作为重复的内容。举例来说，如果来访者的表达内容是："昨天我很早就出门，希望能提前到公司准备上午一个很重要的会议，但是我特别倒霉，地铁出现了状况，最后反而迟到了，这让我觉得很沮丧。"带领者可以直接重复最后一部分"你觉得很沮丧"，让来访者继续针对自己的情绪展开描述。在实际操作中，有时我们可以更为简化，直接重复"沮丧"就可以让来访者继续表达。除此之外，对于来访者的表达内容，带领者可以选取其他部分进行重复，以便了解更多的信息，比如："很重要的会议""地铁出了状况""迟到了"。通过这样的重复，引导来访者进行更详细的阐述，对带领者希望了解的内容进行具体化和澄清。

在重复技术的使用中，我们需要注意，带领者重复的内容，应当是关键性的、值得被探讨的部分，这可以让带领者了解更多信息，或者验证带领者对来访者表达内容理解的准确性。同时，在重复技术的使用中，我们重复的内容应该是来访者自己表达的原始内容，而不是带领者自己的理解。如果在这个过程中我们没有使用来访者自己表达的内容，可能导致来访者没有理解我们的话，从而中断表达过程。

重复技术主要使用在卡牌探索的前期，这个阶段来访者表达的信息中有很多模糊不清或简化的内容，通过重复技术，我们帮助来访者更多地表达，对其描述的意象进行具体化，带领者也通过这个过程了解更多的信息。

呈现——通向觉察

在卡牌的工作中,我们认为,来访者说的每一句话,每一个词,都有其心理价值。如果我们能够把这些内容恰当地反映给来访者,来访者就有机会了解到自己在表述背后的潜意识。因此在OH卡牌的使用过程中,我们常常通过呈现的方式来引发来访者的进一步思考,或帮助来访者觉察。那么什么是呈现呢?简单来说,呈现就是把我们从来访者那里听到的内容,通过整理再重新反馈给来访者。通过呈现的方式,带领者将来访者对故事的讲述,复述给来访者或将故事整理后把故事中的线索(感情、故事逻辑等)展现给来访者,这样的展现更为直观,让来访者对故事进行再理解,从而进一步理解自己所讲述的故事,理解自己为何会这样讲述。

之所以常常采用呈现的方式来进行工作,其原因是OH卡牌的工作内容是来访者的投射,但是在这个过程中,卡牌的带领者也会有自己的主观投射,如果我们不加以注意,就很可能会把自己的主观投射放进来访者的故事中,认为都是来访者表达的内容,这就会影响正常的进程。呈现利用来访者的陈述内容去推进来访者对卡牌和故事的理解,更有助于避免来访者的防御,也能让带领者更为中立,最大程度地避免主观投射。

呈现的主要内容

1.来访者故事中的逻辑矛盾

在我们通过卡牌的投射来讲述故事的过程中，我们讲述的故事往往没有特别清晰的逻辑。可以说，我们在从直觉转向语言的过程中，有些潜意识感受到的东西没有被表达出来。所以，在很多故事中都存在着一些逻辑矛盾。在一个来访者的故事中，主人公为了拯救中毒的村民而出门寻求解药。但是在后续的讨论中当我问到"你觉得他找解药花了多长时间"时，他的回答是十年。于是我对这个部分做出呈现："似乎村民中的毒并不严重，即使你花了十年的时间来寻找解药，也及时帮他们解除了危险。"这时来访者突然意识到，这个时间好像太长，他自己也笑了。基于这个呈现，来访者发现主人公出门的真正目的并非寻求解药，而是希望能够去经历一些事件让自己获得成长，村民的事件，其实只是给主人公的出行找了一个理由。这个发现帮助来访者重新思考在现实生活中的意愿，明白自己好像不太敢于追逐自己的梦想，而是希望被某个事件所推动自然地达成。当他清楚自己的真正想法，也就产生了面对自己内心渴望的动力。

2.来访者描述或故事中的关键词

对于OH卡牌的带领者而言，记住来访者讲述的内容是最为基本的工作。来访者讲述中包含的一些词语，可能有着非常重要的作用，有可能这是来访者关注的主题，也有可能这是来访者无意间透露出来的潜意识信息。关注这些关键词能够让我们的呈现工作更好地关注到来访者真正想要表达的内容。

在来访者的描述或故事中，哪些信息或者关键词值得注意呢？我们可以关注以下几点：

A.修饰性定语或赘述

在来访者的故事中，对主人公的描述是"一个脸上疤痕累累的男人"。这个信息就是一个修饰性的定语，我们认为这样的修饰是有其价值的，因为在后续的故事中，看起来疤痕并不影响故事发展。如果这个信息没有价值，那来访者只需描述这是个男人即可。针对这个部分带领者做出呈现："我注意到你说这个男人脸上有很多疤痕"，来访者注意到自己希望这个主人公是坚强的，经历过风霜的。当来访者把对主人公的期待与自己的现实连接起来之后，他发现这正是他期待自己具备的特质。

B.数字信息

在精神分析对梦的解析中，如果梦中出现数字并被记忆下来，一般我们认为是值得注意的信息。前文提及，我们在讲述卡牌故事时，就如同在做白日梦，因此卡牌中出现的数字信息往往也具备价值。特别是遇到数字比较精确时，比如来访者描述卡牌上的人三四十岁，这是一个模糊的数字信息。但是如果来访者表述这个人是三十三岁，这就是比较明确的数字信息了。我们可以考虑，这样的数字对来访者可能具备某种特别的意义，所以无意中被来访者表达出来。我们可以这样进行呈现："我注意到刚才你在说主人公的年龄时，特地提到她今年三十三岁，好像你很确定她的年龄。"与此类同，来访者提到诸如用了五十分钟、出门七天、夜空中有八颗闪亮的星星等数字信息也可以适当关注。

C.来访者叙述一件众所周知的事

来访者在卡牌的故事中,讲一件所有人都能一眼看到或者众所周知的事,这可能意味着来访者无意中在防御对卡牌的感觉。我曾遇到过这样的情境,来访者对一张画着餐盘和食物的图卡做了这样的表述:"吃饭给人提供能量,每个人都要吃饭。"我在当时做出的呈现是:"你说每个人都要吃饭,听起来这是一件大家都知道的事,我有点好奇你为什么要特地告诉我一件大家都知道的事。"这样的呈现方式是为了提醒来访者,这句话说的并无明确的价值,这类似一种赘述。当我继续问及吃饭对这位来访者的意义时,来访者发现自己并不是关注吃饭能够提供能量,而是在生活中她常常通过组织家人聚餐来拉近与家人之间的关系。这时吃饭本身的意义已经退居其次,与家人的关系才是最重要的内容。来访者也在后续的觉察中进一步发现,正是因为自己觉得和家人有时难以建立起自己希望的亲密的关系,所以才把吃饭作为一种维系和促进关系的手段。在这个基础上,我们就有机会进一步探讨她所期待的关系模式,以及除了吃饭之外是否还有其他促进关系的方法。

D.来访者无意表达出来的内容

精神分析的开创者弗洛伊德曾研究口误,他认为人们在日常生活中的失误,如遗忘、笔误、口误等并非偶然,而是潜意识的流露。当然,并非所有的口误都是内心真实想法的反应,有些口误是因为我们说话时大脑提取词语的过程出现错误而导致的。生活中的一些失误也类似,有一部分可能反映着内心的真实感受,另一部分则确实是某种原因导致的偶然失误。比如手里拿着包和垃圾,结果垃圾拎去上班,包则丢进了垃圾桶。虽然不是所有的失误都有分析意义,但这至少提醒我们,在我们无意间表达出的内容中,有一部分可能与我们的潜意识存在着连接。在卡牌的故事中,我们也需要重视来访者呈现出的一些词语,这些词语可能反映着来访者没有意识到的信息。在一次我带领团体卡牌的过程中,一位成员是这样来描述他看到卡牌之后的想法的:

我看到这个图片的时候觉得这是一个用早餐的场景。我觉得每天都应该坚持吃早餐,每天都去服,但是因为有时候忙于工作吧,我并没有每天坚持去用早餐。看到这张图,就想着以后每天不管多忙,都能坚持吃早餐。有时候为了保持身材,就会动摇不吃早饭了,总是在摇摆,觉得吃了会发胖,不吃又怕对身体不好。我觉得为了身体健康,以后还是不再动摇,还是每天坚持,用意志坚持去服。

在之后我们对这个过程作出讨论时,我提到在他讲的这段内容中,似乎有些时候他使用"吃早餐",有时则使用"服早餐",还有使用"用早餐"的时候。来访者感到很惊讶,因为他完全不记得自己曾经这样讲述。但当我们继续讨论"服"这个用词对于他的意义时,他觉察到在讲述这段内容时,他一直在想着减肥的事,他想到如果吃了早餐,可能还要服用减肥药。

在这个无意识的表达中,来访者的潜意识把"吃"和"服"发生了连接。因为对于这位来访者而言,坚持吃早餐的原因在于他认为这样对身体有益,但是当他考虑到吃早餐影响减肥而需要服用减肥药的时候,早餐又表现出有害的一面。这个其实也就解释了来访者为什么难以坚持吃早餐。通过这个口误,我们就能有一条线索来帮助来访者对自己进行觉察。

3.来访者的故事线索

我们讲述的故事基本都有自己内在的逻辑结构或者故事线索。这个结构往往是我们无意识为故事赋予的，如果带领者能够呈现这个逻辑或线索，来访者可能就有机会注意到自己的故事想要表达什么样的情感和信息。

在来访者的故事中，有很多信息其实是表面化的，这些信息其实是为故事本身而非潜意识服务的。因此，我们可以尝试剥落一些表面化的信息，通过对故事核心线索的呈现来接近来访者真正想要表达的内容。我把这种呈现的方式称为"去壳的呈现"。比如说，来访者的故事讲述一位王子娶了一位平民出身的女人，这个表述中，王子是表面化的信息，它代表着一种身份。在进行呈现时，如果我们仍然使用"王子"这个信息，很容易让来访者停留在故事本身中而不是联系自身进行思考。但是如果我们呈现的内容是"我听到在你的故事里一位身份显赫的人找了一位和他地位差距很大的人进入婚姻"，这就是一个"去壳的呈现"，在这样的呈现方式中，"王子"被"身份显赫的人"替代，"平民出身的女人"则被"和主人公地位差距很大的人"替代，从而突出了来访者这个描述隐含的内在线索——两个人的身份、地位或阶级的差距。这个内在的线索可能才是来访者真正想要表达的内容。通过对内在线索的呈现，我们可以绕开故事本身复杂的描述，接近潜意识的核心，促进来访者对于自己故事的反思和觉察。

4.其他值得注意的内容

在OH卡牌的带领过程中，除了来访者语言传达的信息之外，还有很多其他的线索可以被我们关注。比如来访者的肢体语言、表情和情绪反应。曾有一次带领卡牌团体的经历让我印象深刻，在那次团体中，我注意到一位成员一直拿手捂着一张图卡。（当时每人有三张图卡，大家已经知道彼此手中有哪些图卡。）我在大家进行完故事的分享之后，对这个情况做了一个呈现："我注意到你在整个过程中一直捂住这张图卡，好像并不太想要看到它。"这位成员注意到自己手下的图卡是一张母婴的图，她表示最开始看到这张图卡的时候就觉得心里一紧，后来就不自觉地把它压在手下。当重新注意到这张卡的时候，她想到自己和母亲的关系不太好，但自己又没有解决的办法，看到图卡上母婴之间的关系似乎很温馨，就下意识地想要回避这个话题。借由这样一个方式，我们得以有机会去了解她和母亲的关系，并尝试探索缓和母女关系的方式。除此之外，来访者对某张卡牌沉默或露出惊讶的表情，调整卡牌的顺序或是位置，在匹配卡牌时的犹豫不决等都可以视作一种表现来进行呈现。这样的呈现能够帮助我们觉察到更多在语言信息之外的内容，有时这些内容对于来访者的内心呈现是有重要意义的。

整体呈现与部分呈现

整体呈现意味着带领者对来访者的故事进行理解和整理之后，将来访者的故事进行凝缩、简化，用比较简洁的语言对整个故事进行总结。在整体呈现的过程中，我们尽量照顾到故事的主要逻辑线索和情感线索，如果有可能，来访者故事中的一些关键信息也包含在其中。整体呈现的优点在于带领者可以用非常少的语句，反映来访者故事的主要线索，这有利于来访者对自己故事的主要内容产生整体的把握，并在这个基础之上对故事重新理解。但整体呈现有时候比较困难，尤其在来访者的故事比较长、逻辑混乱、采用倒叙或插叙的方式进行叙述等情况下,想要对整个故事进行凝缩,同时又保留重要的线索就比较困难,这时候我们往往选择采取部分呈现的方式。

部分呈现与整体呈现相对应,意味着在我们整体呈现有困难的情况下,选择故事的部分内容,比如其中的某种情绪情感、关键词、逻辑矛盾等进行单独呈现。对于一些比较困难的故事,我们会多次使用部分呈现,以便最终比较全面地呈现出故事包含的各方面信息。

通过呈现的方式来共情

共情又称作同感、同理心,是人本主义咨询的创始人罗杰斯所阐述的概念,指体验别人的内心世界。共情在心理咨询中作为一项重要的技能被广泛应用。共情能够帮助带领者更好地理解求助者的内心世界,同时也让来访者感受到被理解和接纳,从而更积极地进行自我表达和自我探索。

良好的共情意味着我们正确地理解了来访者,这不仅能够帮助我们与来访者之间建立良好的关系,也会激发来访者主动探索的意愿,这种意愿来自被人懂得的感受。在OH卡牌的使用中,我们共情来访者的最重要的方式就是通过正确的呈现,这种呈现能让来访者感受到我们能够理解他讲的故事以及故事背后隐藏的情感。

故事呈现示例

故事:本来握笔的这个人是成绩特别好的一个学生,也很聪明,但是就是在高考考场上拿到一个命题作文的时候,他却不知道怎么去下笔了。他对出的题目感到特别死板,非常厌烦,然后所有的灵感也被禁锢了,写不出东西来。

呈现：在刚才你的故事里面我听到一个原本很有能力的人，在经历一个非常重要的事件时，因为形式的刻板，而出现了一个新的状况，他好像对这个事情产生了厌烦。

这个呈现的案例是整体的去壳呈现。带领者使用呈现的方法将故事去壳之后，把故事中的主要情感、逻辑线索更为直接地展现给来访者。

在对这个故事的呈现中：

一个成绩特别好的学生→（去壳）一个有能力的人

在高考考场上拿到一个命题作文的时候→（去壳）非常重要的事件

他却不知道怎么下笔了→（去壳）出现了一个新的状况

对出的题目感到特别死板，非常厌烦→（去壳）因为形式的刻板，他好像对这个事情产生了厌烦。

在这个案例中，关于故事中人物的身份可以进行去壳，我们把学生这个身份去掉，变成了故事中的人；把故事中人的描述进行了总结，成绩特别好的学生，也很聪明，变成了有能力；对于故事中发生的事件——高考，变成了非常重要的事件；对于故事中的人物行为，变成出现了一个新的状况。在这个呈现方式中，我们之所以会把高考去壳成为重要事件是因为不难理解对于一个学生来说高考是非常重要的事件。也许有人会说，对我来讲，高考不是重要的事件，这样进行去壳是否有失偏颇？这里我们要理解到，对于故事的讲述者而言，如果高考并非一个重要的事件，那么他完全可以直接讲述这是"一场考试"。当原本的"考试"变成了"高考"，这意味着来访者在"考试"的词义本身上面加上了其他意味，这个部分我们认为是有意义的。这意味着来访者对这次考试有独特的赋值。从这个角度来看，我们抽取"重要事件"的信息对于这位来访者基本上是没有问题的。

良好呈现的基础——正确地倾听，谨慎地表达

能否比较好地呈现来访者的故事，前提是我们能不能准确地接受故事中传递的信息。我们使用大量语言来工作，这就意味着我们需要听明白对方的语言，也能把自己的语言精准地表达出来。在一次卡牌故事呈现的练习中，有这样一个例子：

主题词：习惯

来访者的故事：小明早上习惯性地推开窗户，看到窗户外面乌云滚滚，电闪雷鸣，在很远的地方正在进行一场战争。战场上刀光剑影，打得特别激烈。在稍微靠近一些的地方，战争也开始了，打得也是挺激烈的，人们说这是星星之火可以燎原。小明推开窗户会想到这些，其实这些是没有真实发生的，只是他想到这些。想到这些之后，他就心满意足地走了。

我们来看看学员的呈现方式：

A：听上去小明这个人好像思绪比较烦乱，他总会听到战争的声音，好像只有推开窗户能缓解一下。

B：小明会习惯性地思考冲突，这个冲突会造成比较大的影响，他对此好像是比较满意的。

C：一个人习惯在一天的某一段时间里置身于冲突之中。

D：好像对于战争的想象会让这个人感到心满意足。

在之后我们追问来访者对上述呈现的感受，来访者表示D给出的反馈更接近于她的表达。我们可以注意到，在A的呈现中，显然带有他自己的投射。在故事中，主人公并不是听到声音，推开窗户也发生在战争之前，不存在通过推开窗户来缓解内心烦乱的情况。这意味着，这个呈现是把A自己对故事产生的感受放在了里面，但这个感受并非来访者本人的。在B和C的呈现中，都把主人公幻想战争认为是一种习惯。如果我们回到故事中的话，可以注意到，来访者只是说主人公习惯性地推开窗户，并未表达想象是一个习惯。这意味着呈现者被主题词所影响，主观认为想象战争是主人公的习惯。所以，我们要比较严格地理解故事原本表达的含义，尽量减少主观感受带来的影响。

在后续来访者对自己的故事进行解释时，表达战争在这个故事中是一种有力量的代表。因此，如果我们认为战争代表着冲突也是不符合来访者本意的。但这个关于力量的含义很难在故事中找到明确的理解线索，因此我们在呈现的过程中，哪怕丢失一些信息，也要尽量避免我们对来访者表达意愿的主观猜测。也正是因为这个原因，保留了"战争"这个原始用词的D做出的呈现，对于带领者和来访者来说都更为安全。

通过这个例子我们是要说明，对来访者故事的呈现需要通过良好的倾听，对故事的本意做出清晰的界定。遇到不够清晰的信息时，在我们能够与来访者澄清之前，需要更为谨慎地进行呈现。在呈现过程中，当我们需要改变来访者原本使用的词语时，需要非常小心地选择表达的内容，尽量找到最符合来访者表达内容的词语，如果不能确定，我们宁可放弃部分信息，或者直接呈现原本的故事。

第三章

基础卡团体技术

OH卡牌的团体技术是为了在多人的情境下，通过使用OH卡牌的方式，帮助所有团体成员达成团体或个人目标而使用的具体方法。

与个体使用相比，在团体情境下使用卡牌有一些优点。首先，团体工作能够帮助更多人同时受益，有一些情况也限定了OH卡牌需要使用在团体中，比如企业培训。其次，在团体中，因为参与的成员具有各自的特点，能够为其他人提供更多观察和理解问题的视角，也会带来更多的资源。第三，在团体进行的过程中，我们有机会通过观察团体动力的方式，为团体成员呈现其在团体中的人际互动模式，这有益于成员对自我的进一步觉察。

当然在团体中使用OH卡牌也有不利的一面，因为只要在团体的情况下，大家不免要考虑团体是否安全的问题，团体的安全性越差，参与者打开的程度越低，防御也越明显。在我过去的培训经历中，一些团体因为参与者是同事而彼此熟悉，或者卡牌活动过程中有领导在场，都会导致成员的安全感下降，难以自如地表达自己的感受。他们会有所担心，如果我讲了某个话题，我的同事和领导会怎么看。这种担心会让培训的效果大打折扣。因此，在团体技术的使用中，我比较强调建立团体的安全性，这会帮助我们在团体过程中更好地达成目标。

OH卡牌的团体技术应用广泛，在我的实际工作中，无论是陌生团体还是熟悉的朋友、同事的团体，无论是心理爱好者的成长团体还是企业培训，OH卡牌都能起到很好的作用。

用卡牌来玩只言片语

只言片语是一个源自法国的桌面心理游戏。很多喜欢桌面游戏的人可能玩过三国杀或者狼人杀，在一些桌游吧里，我也看到过只言片语的游戏卡牌包。与用OH卡牌来玩只言片语游戏相比，原版只言片语游戏的卡牌更丰富多样。从趣味性上来讲，原版卡牌包更适合多人游戏。之所以会选择使用OH卡牌来玩只言片语游戏，是因为OH卡牌的图卡内容更为简单，在理解和卡牌沟通的过程中，能更好地解释出原因，更多关注在感受的交流上。

只言片语适合企业培训、团队建设，也适合相亲活动。

——用于陌生团体时，用来破冰，简便易行。里面每个人能注意到谁更容易猜中我，这样可以拉近彼此的距离，在解释卡牌的环节，可以让彼此之间有更多了解。

——用于熟悉的团体时，可以让大家更理解他人。有时团体里有人得不到理解，在解释的环节，大家有机会更理解这个人，这个人也有机会在游戏中表达，这样有助于团队凝聚力。

——对于参与游戏的每个人来说，也能有一定程度的自我觉察，比如为什么从好几张卡中，我挑了这张卡，想到这个词，这都是有意义的。

规则：

1.分发卡牌

给每个人4—5张图卡。因为基础卡的卡牌数量有限，图卡数目只有88张，所以在团体人数较多的情况下，如果每人拿到卡牌的数量较多，会非常快地出现重复使用卡牌的情况。比如说在团体成员十五人的情况下，如果每人五张卡牌，一轮就发出75张，这样第二轮就有可能出现重复的卡牌。所以一般建议在团体成员超过十二人时，最好每人发四张图卡。在发卡的同时需要提示一下在场成员，手中的图卡只能自己看，不能让别人看见，每个人按自己的理解去看牌的意义，不可去问旁人我这张卡牌是什么，也不要去评价别人的牌。

2.解释游戏方式

团体成员轮流坐庄，每一轮会有一个庄家。庄家从手里的卡牌中挑选一张，用一个词或一个短语来代表这张卡牌。告知大家这个词或是短语，之后把卡牌扣放在桌面上。其他玩家要从自己手里的牌中选出一张感觉最接近庄家词语的卡牌，也扣放在桌面上，和庄家的牌混合。洗牌后，图卡画面朝上打开，大家观察完毕后进行投票，猜测庄家出的是哪一张卡牌。

3.解释计分规则

庄家——庄家的目的是让团体中有些人能够猜中自己的卡牌，但又要保证不是所有人都能猜中，如果全体都猜中或者都没猜中，庄家不得分。除此之外的情况，庄家固定得到两分。

其他玩家——玩家的目的是一方面要想办法猜中庄家的卡牌，另一方面需要想办法用自己手里的卡牌蒙骗其他玩家，让其他人觉得自己出的卡牌是庄家出的。其他玩家如果猜中庄家的卡牌得一分，如果自己出的卡牌被别人猜中认为是庄家出的，按猜中人数得分。

4.说明游戏过程中的任务

在团体中使用只言片语的游戏方式并不是为了娱乐或者竞技，带领者需要说明游戏过程中团体成员应当注意的游戏任务才能够更有效地达成团体游戏的效果。在只言片语游戏过程中，带领者应当讲明的任务如下。

任务1（第一轮）：熟悉游戏流程和规则。对于陌生的参与者来说，可以在第一轮游戏中熟悉游戏流程，第一轮游戏可以不计分。带领者可以作为第一轮的庄家出卡，在第一轮游戏中让团体成员熟悉游戏怎么玩。

任务2（第二轮开始，持续三到四轮）：观察团体成员之间的连接。在游戏中团体成员选中他人卡牌或者自己的卡牌被他人选中是具有一定意义的。选中意味着出卡者和选卡者之间存在着某种默契或潜意识连接。这种默契有可能是双方对某个观点的看法一致，也可能是卡牌中包含着某些能够触动双方的信息。在游戏中我们不难发现，如果是成员相互之间比较熟悉的团体，猜中庄家的概率会比陌生团体高。彼此之间更了解的成员，互相选中卡牌的概率也会提高。在我的工作实践中，在一个团体之内如果有两个部门的成员，同一部门成员之间互相选中的概率高于不同部门之间。带领者可以告知团体成员彼此选中卡牌的意义，并让团体成员注意自己的卡是否被他人选中，通过这样的方式，建立成员之间彼此的联系。这种选中分为三类情况：a.自己出的卡被别人选中；b.自己选择了别人出的卡；c.两位玩家之间互相选择了对方的卡牌。

任务3：在计分之后，请大家认领自己出的卡牌，并解释出牌原因。允许成员不解释卡牌，弃卡也可以不解释。在之前游戏的过程中，带领者的任务只是让团体成员彼此关注谁更能够与自己连接，但是没有更近一步让大家彼此了解出牌背后的想法。在游戏中团体成员也会有好奇，对于某一轮的某张或几张卡牌，大家可能不太理解为什么有人会出这样的卡。解释卡牌的环节让团体成员有机会了解他人是怎样思考和出牌的。在只言片语的游戏过程中，并非每次都会得分比较平均，在很多情况下，团体中可能有少数人得分很低甚至一直不得分，这意味着他缺少和其他人的连接和共鸣。对于这样的成员来说，游戏的过程如果一直持续在选卡计分的环节中是会让他感到压力的，他可能会担忧自己与众不同是不是代表着自己有什么问题。有了解释卡牌的环节，这样的成员就有了一个解释自己的机会，让大家了解到自己的出牌原因。一般来说，这一类的情况是因为这位成员出牌的思路与众不同，所以大家都很难猜中他的想法。在一个团体的运作过程中，也常有少数成员的想法难以获得他人的理解，甚至被人诟病。通过解释出卡原因，能够帮助团体的其他成员了解这部分人的思路，这有助于团体成员彼此的理解和接纳。

提示：关于弃卡。在只言片语的游戏中，有时庄家提供了一个词或者短语，但玩家觉得自己手中没有合适的卡牌，比如庄家的词语是悲伤，但某位玩家手中的牌在他看来都很快乐，这会让他觉得不知道如何出牌。在这种情况出现时，带领者可以告诉玩家，为了保证游戏的正常进行，他可以选择手中的任意一张卡牌放入牌堆，本轮游戏放弃得分，这就是弃卡。是不是弃卡一定就无法得分呢？其实并不一定。因为团体的异质性，弃卡也有可能被人选中，这也会是游戏中很有趣的一种体验。

任务4：觉察一下卡牌和出卡者之间的连接。之前我们说过，玩卡牌是一个理解和表达内心投射的过程。在手中的四张卡牌中，哪张卡牌引起我们的注意，又会让我们想到一个怎样的词或者短语来形容它并非完全出于偶然。例如出牌者出了一张卡牌并为其命名为"纠结"，这往往意味着卡牌上的某些信息触动了他的某种感觉。这时带领者在解释环节中可以适当做出提示，这并不意味着带领者需要对卡牌做出解析，而是更多地让出卡者自我反思。同时，在团体氛围比较好的情况下，我们也可以利用团体资源，让其他成员对于卡牌和"纠结"这个词进行讨论，为出牌者提供资源和新的视角。

通过游戏来玩OH卡牌是很有趣的，因为只言片语游戏带有一定的竞技性（有得分），往往会让参与者更有兴致参与游戏互动。我也常常被问到游戏得分有什么意义，虽然使用只言片语技术进行团体活动的主要目的不是竞技，但其分数仍具备一定解释价值。需要提醒大家注意的是，因为只言片语的游戏过程有比较强的运气因素，根据使用经验，至少要进行游戏十五轮以上，其结果才具有一定的代表性，这需要在进行分数解释之前向参与者说明。

对得分的解释

高分者：

除了运气成分以外，只言片语游戏中的高分者比较善于理解别人的内心，他能更好地感知他人的感受，也知道大多数人在生活情境中会有怎样的想法和选择。高分者更容易通过卡牌的欺骗环节得分，因为他更知道如何打出合适的卡牌来混淆他人的视线。高分者可以是人际关系的高手，也可以是比较好的骗子。

低分者：

低分者的想法往往与众不同，所以无论做庄家还是做玩家，他不太容易猜中别人的卡，自己出的卡牌也不太容易被他人选中。刨除运气和有意防御的成分，在只言片语游戏中的低分者都比较有独特的个性，想象力和创造力比较强，不按常理出牌。但是与此同时带来的问题是对低分者而言，别人常常不能很好地理解他的想法，因此低分者在人际关系中可能存在着一些小问题。这可能是因为低分者的思路和多数人不同，所以很多人对他们的想法感到困惑。所以对低分者来说，需要更多和周围的人沟通，让对方有机会了解你的想法。

比较特殊的情况：

某位或某几位玩家在游戏中多次猜中庄家的卡牌。一般来说，至少猜中庄家次数在总轮数的半数以上。排除因为彼此非常熟悉的情况，如果某位玩家能多次猜中比较陌生的庄家，这意味着他的共情能力和分析能力可能比较强。对于大多数人来说，共情他人是依靠感觉或者直觉，而分析则依靠理性。在我的经验中，这样的情况很少见，在相对陌生的情境下连续猜中庄家是比较困难的。这一类玩家可能比较适合做人事方面的工作，因为他对人的分析或是直感有相当的准确性。我曾有这样的经验，在一次卡牌的团体培训中，曾有一位女士在十二轮游戏中九次猜中庄家，在基本陌生的团体中，这是很厉害的成绩。当我对她说起她有可能比较适合人事工作时，她感到很吃惊，因为她是做专业技术方向的。当然这仍有可能具有运气成分，看人的直感准确也不见得就能够胜任人事方面的工作，但能够做到这点的人，如果愿意用心，在人际关系方面一般都会处理得比较好。

只言片语是一个很有趣的游戏，无论是应用于心理学团体、企业培训还是朋友聚会，都能带来很好的效果。

一

主题故事

故事可以说是理解卡牌的核心。当对卡牌的感受转换成语言,形成有逻辑的故事被表达出来,我们的投射也就会展现出来。在团体活动中,我们可以通过讲故事的方式来引发讨论并彼此分享,通过对故事的解读和反馈,让团体成员彼此发现。

形式和规则

1)形式:大家围坐在一起讲故事,有一位带领者,8—12人比较合适,最好不要超过15人。

2)规则和流程:

A.带领者抽出一张文字卡,念出来,放在桌面中间,然后每人抽一张图卡,如果看不懂或者不喜欢可以更换。

B.每人观察自己手里的图卡,根据图卡内容讲一个和字卡相关的故事。我们讲述的故事不需要和自己相关,只要随意讲述自己想到的故事即可。

C.每个人都讲完故事后,可以挑别人的三个故事,来给这三个故事分别命名，给故事一个主题。

D.被命名了故事的讲述者给起名字的人一个反馈，在反馈的时候，可以去注意，是不是有人能够跟我想的很像，或者有人从不同的角度来看我的故事。

E.每个人给自己的故事一个名字，然后带领者可以适当给一些反馈。

主题故事是既可以在团体中使用，也可以用于个人的一项技术。在主题故事中，文字卡和图卡都发挥作用，故事被设置成与文字卡相关联。在团体使用的过程中，所有团体成员讲述的故事都与主题词有关，但因为图卡的不同和成员个人的投射，每个人的故事会有很大的差别。通过这个过程，我们可以观察到每个人对于这个主题词不同的理解和态度。

主题故事案例：

主题词：坚定

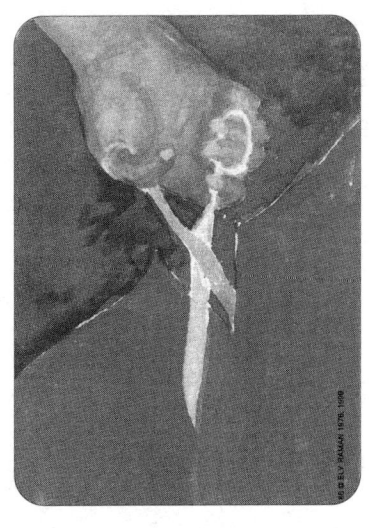

来访者的故事：这个故事发生在一个雷雨交加的夜晚，这和我们现在所处的时代也不一样，这是一个物质非常匮乏的时代。这个人物是一个裁缝，他的店里有一块红色的布，他很想用这块布来给一个对他来说非常重要的人做一件衣服。但是这块布并不属于他，这可能是属于皇室的布，只有他们才有权利使用这块布。他现在要做的选择是，如果他按照自己的意愿使用了这块布，那么可能轻则失业重则会被抓起来，但是罪不至死，代价没有大到要掉脑袋的程度。在短暂的思想斗争之后，他还是下了剪子，决定按照自己的意愿来使用这块布，我觉得他是一个非常坚定的人。

来访者给故事的名字：抉择

在这个故事中，我们可以注意到故事被定义在一个物质资源匮乏的时代。这是来访者强调的一个因素，也是对后续故事的铺垫。因为如果物质不那么匮乏，主人公就不需要做这样的抉择了。第二个我们可以注意到的信息是，主人公是因为什么要做这个抉择？在故事中，他是为了一个非常重要的人。第三个内容我们可以注意到，主人公要去做这个抉择是面临风险的，在故事中，来访者对这个风险也做出了限定，我们可以理解在这样的时代，一个手艺人失去工作或面临被捕的风险都是很大的现实困难，但这个风险还有资源的一面，就是虽然风险很大，但是并不致命，不会有生命危险。我们会看到，最终主人公还是选择了为重要的人去冒这个风险。

在对故事做出讨论之后，来访者也做出了如下反馈：

我觉得在故事中这个抉择是要不要遵从自己的内心。因为这个人对主人公来说肯定是重要的，但不见得影响大。这件事情也不是对方要求主人公做的，而是主人公自己想要做的。但是他想要做这件事需要承担风险,他自己从旁观者的角度来看,应该觉得这是一个疯狂的举动,但其中还是有一丝理智,他判断了一下这件事情是否有生命危险。在不触及生命这个底线的前提下,他最后还是选择按照自己内心的想法来做这件事。我现在确实有一件事情需要我做出抉择,就像故事里一样,这个抉择虽然与他人有关系,但最终还是我自己想要做的。我会说故事里的这个裁缝是坚定的,其实也是我觉得这种坚定是很好的,但我还没有像他那么坚定可以做出遵从自己内心的抉择。

来访者的故事: 我看到这张卡牌的后面似乎有观众席,这个小丑本来表演的对象是孩子,但是他走错了舞台,走到了成人的舞台上。他所有表演的方式,他的滑稽,自成人的眼里看来都是很可笑的。这个可笑不是好笑的那种可笑,是他表演的内容让成人觉得无聊,这种小把戏没办法引起成人的兴趣。这些成人观众觉得小丑表演得很差。但是这个小丑依然在笑,因为他知道他想要寻找的对象并不是这些成人,而是纯真的孩子。如果说他是有着这样一种坚定的话,即便那些成人没有承认他，他也知道自己能够找到的对象是谁。

来访者给故事的名字：西西里的独立

来访者对故事的反馈：有时候大众主流所传导的东西或者他们的态度未必就是好的。有些人对于这样的态度或者评价会有一种崇拜或者认同，对于权威或者专家讲的会有迷信的态度，很少反思或者持有合理的怀疑。既然要坚定的话，个体可能需要有一定的边界感，需要有一定的判断能力。所以一个人要坚定的话，首先需要独立，如果连独立都做不到的话，就没办法做到坚定。

我们相信，大多数来访者具备着理解自己故事的能力，只要我们正确地对来访者讲述的故事进行呈现和讨论，来访者就有机会发现他在讲述故事时背后所带有的动机和需要。甚至像上述案例中，可能我们有些时候并不需要讨论，来访者对自己故事给出的名字或者说主题，其实已经总结了他在故事中表达的核心线索。

带领者在主题故事的环节除了需要为成员呈现他的故事来引发思考之外，更多需要引导团体成员主动觉察自己故事的意义，并积极参与到团体的互动中来。当一个故事被大家关注和讨论，就有可能为讲述者带来新的视角和觉察。

一

故事接龙

形式和规则

1）形式：

大家围坐在一起讲故事，有一位带领者，人数不要太少或太多，人数太少接龙有困难，太多不容易记住别人的故事，以8—12人比较合适，最好不要超过15人。

2）规则：

A.带领者抽出一张文字卡，念出来，放在大家围坐的中间，然后每人抽一张图卡，如果看不懂或者不喜欢可以更换。

B.每人观察自己手里的图卡，根据图卡内容讲一个和字卡相关的故事。我们讲述的故事不需要和自己相关，只要随意讲述自己想到的故事即可。

C.第二个故事需要和第一个故事有连接。之后每位讲述者的故事都需要和前面的故事连接起来。

D.带领者可以选择抽取一张卡牌来结束故事。

E.在全部故事讲完之后，带领者组织讨论在故事过程中大家的感受。

在团体中使用故事接龙可以帮助我们做什么？

故事接龙更适用于团体，它与主题故事的差别在于：

A.在主题故事中，团体成员每个人是在讲述自己的故事。这个故事跟其他人并无关联。在一个人讲述故事的过程中，其他成员不一定会集中注意力听对方的故事。在故事接龙的形式中，由于故事需要有整体性，团体成员需要注意到前面的故事才能够完成接龙，对自己讲完之后故事的走向也更为关注。这样团体成员之间连接更多，能够更多相互关注。

B.在接龙的故事中，有可能会出现难以预料的剧情发展。一个人讲故事的时候，会比较倾向于自己的习惯模式，当其他人参与到故事中来，就有可能带来更多样和更有趣的讲述方式。正因为故事的无法预料，所以更有乐趣。与主题故事相比，故事接龙会让团体的氛围更轻松。

C.在故事接龙的方式中，团体动力会有更好的呈现。比如说在某个团体中，大家都是非常规矩地按照第一个人讲述的故事，在不更换主角的情况下讲下去，这意味着团体成员总体比较守序，配合性强。在接龙的时候，我们也常常能看到这样的情况，如果前面的故事是个悲剧，会有人站出来扭转故事的情节，让故事变得更积极，同样的，如果前面的故事都是很开心的，也会有人把情绪拉低一些。前一个人讲了困难，后一个人去克服这个困难；一个人悲伤，后面讲故事的人会通过故事试图安慰。总体上故事往往会大致趋向平衡。这其实就是团体动力的体现，在这个过程中，每个人都有意或无意地成为整个团体的一部分，既有可能为团体带来问题，也能为团体带来资源。在潜意识层面，大家互相在帮助、在沟通。故事的不断变化，会让团体成员体验到团体的支持，并有机会在其中得以治疗。

D.在故事接龙的游戏中，团体中每个人角色不同，有人负责起头，有人负责结尾，有人负责起承转合；有的人在团体中会配合别人，有的人更多在表达自己，也有些人故意挑战团体。这是一个非常好的觉察自己在人际关系中模式的机会。在一个团体中，我们是更多作为辅助者来协助他人？还是更多作为一个带领者或者创造者去讲述新的故事？在接龙中体现的情况，常常和我们在其他人际团体中的习惯性模式接近。通过这个方式，我们有机会看到自己在一个团体中处于什么样的位置，并习惯于做出什么样的行为。

E.故事接龙有一定的风险，有时会给一些人带来不好的影响。比如有一位成员以第一人称说故事，也就是说，他一上来讲的故事就是以"我"来开头的。但是由于故事接龙的不可预测性，在后面的故事中这个主人公，也就是对于这个人来说的"自己"在别人的故事里可能死去了，这就有可能给第一位讲述者带来比较强的情绪体验。这就需要带领者做出相应的工作，以免团体中的某些成员感到受伤。

带领者的工作：

故事接龙在主题故事的基础上加入了团体动力，一方面带来更丰富的体验，给团体和带领者提供了更多的工作角度，另一方面，这种内容的丰富也加大了作为团体带领者的工作难度。因为需要进行接龙，前面的故事对于接龙者的表达也会产生一定的影响。这更需要带领者对故事进行好的呈现，能够提炼出故事讲述者自己真正想要表达的部分。

即使接龙会让团体成员的故事产生影响，但并不影响成员故事本身对于其潜意识的反映。不管前面的故事如何发展，后续接龙的成员其实都有权利自由选择故事的发展方向。如果受到团体动力影响，成员的故事趋向于某种发展形势，比如给出大团圆结局，这也是这位成员的特质体现。另外，只要形成故事，就不可避免带有这位成员本人对图卡的独特理解，这仍在我们工作的基本范畴内。

在使用团体故事接龙的技术时，带领者在故事的最后有时需要参与到接龙中来。特别是如果结局不太好，气氛太低落时，带领者可以抽一张卡牌，接续前面的故事来完成接龙。带领者这个动作的目的是逐渐淡出故事，对前面的故事进行虚化。比如说前面提到的情况，故事的发起者以自己为主角来进行讲述，但后面一个人讲的故事中他死了，这就有可能引发潜在的攻击，让发起者觉得对方是在攻击自己。当然对方也许本意并不在此，可能仅仅是接续前面的故事而已，但这有可能对团体动力带来影响。在这样的时候，作为带领者就需要对故事淡出。带领者可以按照这样的结构来讲述这个故事：有一天，我旅行时，碰到一个有趣的陌生人，一起结伴旅行，每天讲个故事，他为我讲述了前面的故事。后来有一天我们两个人分别向不同的地方走了，我以后再也没见过他。采用这样结构的目的是跳出原有的故事框架，把刚才所有人讲的故事变成另一个故事中的故事，以降低大家对于前面故事的情感投入。这样的方式也是在提醒所有成员，我们讲的只是一个故事，而非真实的情绪对抗。带领者讲述的故事也可以是这样：有一个人某天拿到一本小说，小说中的故事是……

多轮次故事接龙：

在团体人数较少或时间充分的情况下，我们可以尝试不止讲述一轮故事，形成多轮次的故事接龙。这种方式就是在第一轮所有故事完成后，所有人再抽一张卡牌，接续第一轮的故事完成第二轮。如果进行第三轮就重复上面的过程。

多轮次的故事接龙会与单轮次的有一些差别，我们会有机会看到自己在故事之中发生的变化，这个变化既可以用于对自己的觉察，也能帮助我们更好地看到团体动力层面发生的情况。下面我们用一个使用克服卡来完成的两轮次故事接龙的案例来给大家展示：

故事主题词：厌烦

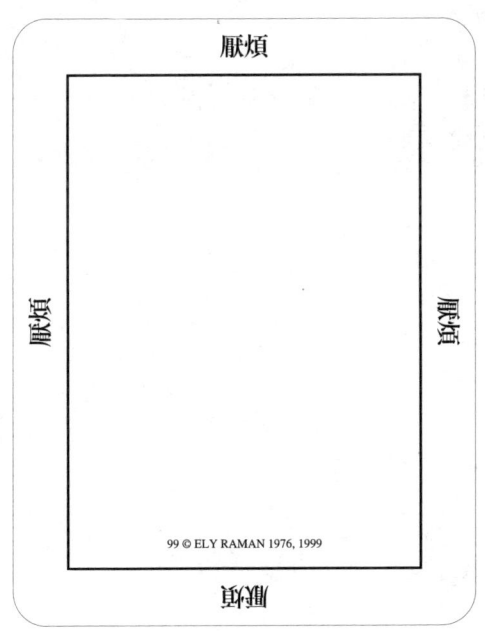

（目前，正版的中文 OH 卡牌的文字卡为中文繁体版，特此说明。）

在下面的案例中，按照讲述者顺序我们以A—G来代表讲述者。团体带领者以带领者为简称。

图卡序号按故事讲述排序。

第一轮故事：

A:我一直梦想着坐船去环游世界，在大海中遨游，每天都能看到日升日落。有几次在海边追着去看太阳升起，但是都没看到。我特别讨厌追着太阳跑还看不到日出的感觉，这样会让我觉得生活没有乐趣，我很厌烦这样的状态。

B:这个孩子他爸真烦人，天天跑到海边去追着太阳，什么也不管,孩子不管,我也不管。

C:这个孩子他爸天天跑去海边,让我的生活变得很辛苦,天天还要背着孩子,很厌烦这样的生活。

D:有一天这位女士厌烦了她自己生活的状态,也抱着孩子去做了跟孩子他爸相同的事情。她说:你既然总是去追着太阳看,我也去看看这到底有什么好看的。

E:这个女人因为自己的厌烦,在离开去看太阳之前还做了一件事,她一怒之下把村子给淹了。

F:这个男人整天追着太阳,他想要的是环游世界,但是他又完不成。我想他在追逐的过程中内心是很焦虑的,这是他的一个心结。因为追求他的梦想,他忽视了他的家庭,也给我造成了一个心结。因为他整天追逐梦想而不务正业,也没有经济收入,家庭的经济状况很糟糕,这是我遇到的最大问题。即使我抱着孩子对这样的日子感到厌烦了,去跟他一起追逐梦想,但这个梦想最终还是达不到,我还是要回到现实的拮据的生活中。这种日子让我烦透了。

G:这个男人看到了妻子对生活的厌烦,也慢慢地意识到了自己的状态,他发现了自己的行为对整个家庭造成的影响。他感到了妻子的不易,也感受到了妻子的付出。他醒悟过来之后准备了一个小礼物,重新去追求他的妻子,共同去面对所有的困难。

第二轮故事:

A:因为我的任性和自私,给我身边的人带来了无尽的烦恼。虽然我还是很喜欢太阳,虽然我还是想要在大海中生活,但是家庭的责任感让我回归。其实我很厌烦狗,但是因为女儿喜欢,为了这个家庭,我还是让女儿养了一只狗。我去接受一个我不喜欢的动物,只是因为女儿的原因。

F:但是时间长了之后我发现我所做的一切并不是出自我的真心。我内心依然想要追求自己的理想。但是为了妻子和孩子,我强迫自己去做不想做的事情。最终有一天我感到自己枯竭了,我对这种里外不一的情况感到厌烦,我希望通过修行的方式来达成内心的平静。于是我暂时告别妻子和女儿,在一个非常幽静的山中闭关七日,看看能否消除我内心的厌烦。

B:七天的闭关,周围没有人也没有吃的,我就只能在深山里找一些野果子。我采了一大筐的野果,红的绿的很好看。满山就采了这一筐的果子,我又开始厌烦自己没出息的状态,能不能挺过这七天我还不知道。

G:在七天闭关修行当中,感受着没有充足食物的日子,想着家庭里面各种琐碎的让人厌烦的事,包括自己想追求而因为家庭的责任没法追求的这样一种状态。慢慢地,他从最开始的厌烦抵触,到逐渐去接受这样的状态,直到自己能够比较好地接受这样的生活。他感觉自己有所感悟,能体会到活在当下的欢乐的状态。他开始去讲学,把自己感受到的东西传递给其他人。

E:在游历的过程中,他认识了一位美女,跟这位美女生活在一起的每天都很有趣。他觉得自己又找到了青春的活力。他再想到自己的妻子,觉得自己以前的生活真的很让人厌烦,他觉得现在这样的生活才是全新的。

C:这样的生活让这位妻子感到很不爽,因为这个男人跑出去修行,等到修行结束已经变成这样的状态。这位妻子也发生了一些改变,她不动声色地完成了自己的涅槃,即使这个男人不在也没有关系了。孩子已经长大了，男人怎样都行了。

D:这位妻子在之前也出去游历了一番，看到了这个世界的美好。最后她和经常不回家的丈夫进行了一次诚恳的交谈，她说我已经不是以前的我了，但你还是以前的你。所以我们就和平分开吧，既然我们对于之前的生活都感到厌烦，就各自过自己认可的生活吧。她也找到了她自己的新爱好。

团体对故事的讨论：

A:谁的人生应该谁讲，如果我要一个家庭，我也许会去看日出，但是绝对不会走到后面这样。

带领者：两轮故事和一轮故事会有什么不一样吗？

G:两轮故事好像有了挽救故事的机会，但是好像还是挽救不了。

带领者：即使我们有第三轮，也不见得真能挽救。

B:就没想挽救。

带领者：我们把自己的两张卡领回到自己面前，自己感觉一下这两张卡，看看在这两轮故事中我们自己的故事发生了什么样的变化。

G:我觉得我的第一个故事里是想要拯救家庭，但是似乎没有成功，所以选择自己去领悟一些东西。就是在家庭没有办法的时候选择先去成长自己，学成之后再去帮助更多的人。

A:我的故事刚开始只是我自己。我的故事和生活状态有些关系吧，因为我现在是单身，所有人都认为我应该有一个家。第二个故事里被带着就有了一个孩子，但是对我来说狗就是这个家，其实我是很喜欢狗的，我当时讲的时候就把这个狗当成这个家，被迫成立这个家，就是从一个人到一个不喜欢的家。

E:我先是让他媳妇淹了村庄，又让老公找了小三……

带领者：我们会看看在团体的故事里面每个人都在扮演着什么样的角色。就像G的，在她的故事中她是有想要挽救或是改变的动力在的，她是在第一轮给出大结局的人。在这个团体中，她好像在承担一个拯救者的角色。E是个什么角色？

B:挑事儿的。

带领者：这好像是符合E的状态，她是打破原有状态的人。这种挑战或者打破并不是为了挑战而挑战，在之前的故事中，这位妻子的状态是很辛苦的，所以她才决定淹没村庄，这似乎是帮着这位女性来表达一种愤怒。

E:老公找小三呢？

带领者：好像这位老公在之前是个苦行的角色，在之前的故事里，这位老公被塑造成被迫建立自己不喜欢的家庭，终于忍不了了要出去修行，但是又没有东西吃，好不容易修行结束了又把自己的所得奉献给大众了，对于这样的状态似乎你还是想要打破。

B:在我的故事中我感受自己的依赖性好像蛮强的。前面好像是要依赖老公，后面就要依赖食物，好像就是自己没有力量，这是我拿到牌瞬间的感受。

带领者：你有注意到吗？在你第二个故事里发生了一点变化。在你最开始讲的时候你说你采到很多果子，但是后来又说好像不够撑七天的。

B:这让我感到自己有种匮乏感。

带领者：好像你自己做了一些事，但是好像对你来说并不够，你还希望有些依赖。

B:是的。

C:我说一下我的故事。在第一个故事里感觉这个妈妈就是我的妈妈,但是到了第二个故事好像就是我自己的状态了。

带领者:在之前我们做卡牌的时候,你曾经提到过妈妈下地干活的事,也提到过现在你自己在过妈妈期待的生活,今天的故事里好像也有点像是这样的状态。

C:嗯,好像是。

D:我一开始拿到这两张牌的时候觉得两张牌的颜色挺像的,而且也都有水。我会觉得这两张牌让我有一种愤怒的感觉。虽然看起来是一种积极的方式,但是好像是在回避什么,就是你这样我也这样。就像是看到你的方式,我试试我是不是也能接受,有点像是赌气离家出走的感觉。第二个故事是有点成长的感觉,放下一些心结的状态,但好像还是有些回避。大家和谐一点,追求的是一种和谐,之前的故事有冲突,我就觉得和谐一点吧,既然大家都不喜欢,就自己找自己喜欢的呗。

带领者:在这个故事里也还是有些突破的。在第一个故事中之前是这个妻子感到很烦,生活也很艰辛,她选择从这个生活里面离开,这似乎也是对原本状态的一种突破。虽然你感觉这里面似乎还是会有一些回避,但是这也仍是一种突破。

F:我看这两张牌,我觉得跟我自己挺像的。就是她内心的冲突是很多的,这让我感觉不太舒服。而且这张牌红色的背景让我感觉张力是非常大的。这里面似乎有一种很强的,要沸腾的力量,这是在内心世界中完成的。第二张的颜色就变得非常柔和,这个人从他的精神世界的内部到他和环境都有些变化。但是他也没有远离,他还望着这个世界,感觉还是有希望的。这时候他的内心十分的平静,我觉得这是他的身心达成一致，和外界似乎也能处理得更好。但对这样的感觉我也会有一点担心，我有点害怕这样的一种状态。虽然内心的平静是我的追求，但是我并不希望因为这样就完全的独立，和外界切断了连接。我还是希望自己能随心所欲而不逾矩就好了。

带领者：所以好像你给这样的状态一个期间的限制。

D:七天。

带领者：是的，这好像是一个短期的状态，靠一筐水果还是能支撑得住的。

F:嗯，是的，不是完全的离开。

A:那我的故事呢。

带领者：好像在你的故事里，你要找的东西总是找不到。

A:你们知道我为什么说追太阳吗，因为我去年十一放假的时候真的做过这样的事。当时那边的山很多，他们只是给我指了一个方向，告诉我太阳会从那边升起来，但是我去的时候发现不是，我就追着太阳走，但是等我看到的时候太阳已经完全升起来了。我很少到海边去，就特别想去看日升日落的场景，到现在我也没看着。有一天我在海边待了一个晚上等着看日出，结果第二天阴天。

带领者：在这里好像还是有你心里的一个缺憾在。

A:是的。

带领者：在这里我们不更多讨论这件事情对你的心理意义是什么了，到第二轮里面故事似乎发生了改变，追求理想本身似乎是这个人自己的事情，但是第二轮他建立了家庭。在这个家庭中，这个人是有牺牲的，似乎他是要去符合一个社会的需求。

A:但是我在想如果这个故事让我自己来讲，我应该会让他自己一个人去环游世界，就这样把故事讲下去。但是因为前面故事的原因，所以我才会这样接下去。

带领者：但你其实可以不接。在要求上我们是需要接上面的故事，但是怎么接是你的问题。

A:嗯，可能是因为在这个故事里我一直觉得这个人就是自己。

带领者：你在这里面好像也有受到这个故事的"应该"的影响。

A:这个头是我起的。

带领者：好像两轮故事你都是起头的那一个。

A:对，你刚才说的我有点感觉。

带领者：两轮的故事好像和一轮有点不一样。比如说E作为故事的打破者，G作为这个故事的调和者，这可能都反映着一些我们在团体中的模式。A你好像两轮都是发起人，在一个团体之内，你可能会是比较容易在困难的情境下第一个站出来的人。但是随着团体的进展你好像也会有些变化。

A:受到团体的一些限制。

带领者：团体的压力似乎会让你有一些改变。

A:其实第二张卡牌我一直想换，但是好像一直找不到方向。这就是很多人说你该成家了，家对我的一个困扰。第一张就是我自己人生的一个困扰，这两个部分都是现在对我最重要的。

带领者：所以即使我们是一个接龙的故事，当我们把故事拆出来看的时候还是在讲自己个人的故事。在之前我带两轮次的故事接龙的时候，遇到过这样的情况，在两轮的二十个故事中，主人公死了三次，穿越了两次，从这个角度看，我们今天的故事相对是更中规中矩的。

A:第一轮里面好像只有我的故事是第一人称讲述的,后面都是从妻子的视角,或者说是从第三人称讲述的,但是第二轮的时候好像就有变化。

C:但好像都是接续着你的故事在往下。就我和D好像不一样。

带领者:C和D好像在两轮中比较稳定,都是在妻子的位置上讲述故事。A一直是在丈夫的角色上,其他人好像都是在丈夫和妻子的角色之间有切换。但是虽然大家在身份上有些变化,但是基本还是按照原本的故事在接续。

D:这个可能代表着什么?

带领者:从资源的角度上讲,我们团体的凝聚力是非常好的,大家可以停留在同一个故事里一起工作,在一个故事里就能完成自己需要的内容了。虽然在这里面也有大家不愿意接受的那一部分,但是大家还是愿意相互配合,这是我们这个团体的特点。另外我们这个团体似乎整体是偏向于守序的。

A:好像除了E是会跳出来打破的人,其他人都是比较规矩的。

带领者:E虽然有所打破,但是其实她也没完全跳出这个故事。

E:我本来还想中规中矩地说,这个老公放弃了追太阳的爱好改成下棋了,后来一想觉得这样的人生好惨啊。

带领者:所以从总体来说大家还是守序的,包括E也是在这个故事的框架里面。

C:是的。

带领者:这是我们好的地方,但是问题的部分是我们缺少一种打破,打破原有故事框架的、跳脱卡牌原有含义的这种突破限制。我们讲述的都是关于厌烦的故事,没有人讲关于不厌烦的故事,或者说我让别人不厌烦的故事。

G:大家还是讲了一些关于解决厌烦的故事,通过一些行为来改变厌烦。

带领者:是的,但是这都基于原本的厌烦。

A:还是打破常规的地方比较少。

G:不是那种我本身就是不厌烦的,是别人厌烦。

带领者:对,不是直接打破的。这反映着我们还是受到一些限制的,在突破限制的角度上我们还是可以再做一些工作的。

A:如果再让我们讲一轮故事,估计我们会做一些改变了。

带领者:因为时间的原因我们今天只能到这里了,希望大家在未来再去尝试讲一些不一样的故事。谢谢各位。

在上面的团体案例中,我们更关注的是团体成员在两轮故事中的自我变化,以及每个人在团体中扮演的角色,这并不影响团体工作的顺利进行。当团体成员去比较两轮故事中自己讲述的变化,也能发现一些讲述背后的心理动机。

礼物

礼物（结束环节）

流程：

展开所有176张字卡和图卡，每个人从中任意选两张卡。一张作为礼物送给在场你想送的任何一个人，另外一张留给你自己，作为给当下的你自己的礼物。在礼物环节中，参与者可以完全自由地挑选卡牌，无论是选择字卡还是图卡都可以。在团体人数比较少的情况下，可以让参与者选择三张或者四张卡牌，除了留给自己的一张之外，其余的卡牌都是送给在场成员的。

在这个环节中有一个地方需要提前向参与者说明，因为毕竟176张卡牌仍是有限的，有时难免出现两个参与者想要选择同一张卡牌的情况。如果出现这样的情况，请其中的一方暂时把卡牌"寄放"在对方处，需要使用的时候再从对方那里拿过来。

在大家选好卡牌之后，首先可以进行赠送礼物的环节。在这里需要向参与者强调，向其他人赠送卡牌的时候需要说明送卡的原因，而收到礼物的人则需要回馈自己收到卡牌之后的想法或者感受。

全部人都赠送完卡牌之后，邀请大家说一说留给自己的卡牌，看看为什么今天会选择这样的一张卡牌留给自己。

意义：

卡牌礼物的技术一般在团体活动作为结束环节使用，其目的是为了让大家彼此之间传递善意，增进了解。这个技术能够让团队成员感受到彼此之间的支持，创造比较好的团体氛围。另外一方面，选择留给自己的卡牌也是对于卡牌活动的总结和感悟，有机会通过卡牌为自己送上一份祝福。

一

利用团体的力量

在OH卡牌团体中，我们可以更多地利用团体本身的资源而非带领者的能力来进行工作。我们之前说过，OH卡牌的设计就是一个没有"领导者"的活动。如果过分依赖带领者的能力来进行工作，有时反而会导致团体陷入僵化——每个成员都在等待着带领者的解释和反馈，但团体成员之间缺少互动和交流。这样的状况不仅违反了我们做团体工作的初衷，也会影响团体成员的体验。因为团体工作时间有限，团体对问题的探索深度受到了限制，即使带领者使出浑身解数，也不可能在这么短的时间内真的帮助成员解决所有问题。如果带领者把精力集中到某位成员身上，会让其他团体成员觉得受到冷落，团体的氛围也会受到影响。

在OH卡牌团体中，有些涉及成员真实生活事件的内容不一定需要展开讨论，这是为了最大限度地保护团体成员在团体中的安全性，以免暴露隐私或者造成二次创伤。不管是在陌生团体还是成员相互之间比较熟悉的团体，我们都有一些隐私是不希望暴露的。尤其在企业培训团体中，在活动开始之前，团体成员可能已经带有防御——我并不希望同事了解太多我的个人隐私或者我对上司的真实看法。因此在团体工作中，我们不需要太多追问成员的现实生活事件，而是更多针对故事中呈现的内容进行讨论。这可能让我们错失一些深入工作的机会，但能更好地确保团体成员的安全。

在卡牌的工作中，出于种种原因，不是所有情况都有机会得到完全的讨论。当成员对于问题产生觉察时，他可能选择把自己的想法和感受表达出来，也可能选择自己消化。在这样的情况下，其他成员甚至带领者可能都并不知道他的内心深处发生了什么。如果有一位成员表示他通过卡牌有些感受或是领悟，作为带领者我一般选择不追问具体的内容。虽然这可能导致其他人觉得没有听懂，甚至在有些时候，作为带领者，也不清楚来访者的内心活动。不过这并不构成问题，因为我们需要牢记，使用卡牌的目的是为了让来访者得到体验和觉察，并不为其他的目的，比如团体其他成员或带领者的好奇。

正因如此，我们在进行团体工作时，带领者的主要目的是促进成员之间的彼此联系、彼此分享、彼此支持，更多地利用团体成员来对某个问题作出讨论和反馈，而不是依靠带领者的提问和解释。我们需要始终牢记，团体的安全性和良好的团体氛围比精彩的解读更为重要。

问答：

Q：作为带领者需要去记住每个团体成员的故事，尤其想要做比较好的呈现时，需要对故事的记忆非常清楚，我觉得自己脑子不好，不太可能记得住。

A：这点其实不用太过担心。首先其实我们完全具备着记住故事的能力，在一般的人际交往场合中，我们也能基本回忆起发生的事件，谁在餐桌上讲了一个有趣的笑话等。只是我们没有刻意关注，所以才会忘掉一些不重要的信息。在之前我曾经带过二十多人的团体，在开始之前我也有这样的担心，怕记不住这么多人的故事，但是在团体进行时我很惊讶地发现，我对大家的故事基本都还是记得清楚的。其次，记故事的能力可以在未来的使用过程中加以锻炼，随着经验的增加，我们会更清楚要关注到对方讲述的哪些内容。第三，可以尝试使用一些记忆策略来辅助我们进行记忆，比如把对方的故事进行画面化。一般我们记不住故事出于下述几个原因：1.由于紧张难以把精力集中在对方身上；2.被对方之前的故事带走，忽略掉后面的故事内容；3.在进行过程中带领者自己的情绪被唤起。

Q：有哪些记忆策略可以帮助我们记忆故事？

A：有一些方法是可以帮助记忆的。

第一个方法是把对方讲述的故事场景化，通过画面来辅助记忆。不过这个方法也有缺点，就是在对方讲述不是很故事化时，难以形成比较有连续性的画面。另外，要注意形成的场景与来访者的描述相符合，否则回忆时可能出现差错。

第二个方法是记忆关键词，之前我们在讲到故事呈现部分时，也提到了需要注意来访者描述或故事中的关键词，这种方法能帮助我们至少不会漏掉关键的信息。

第三个方法是记忆对方故事的基本线索，比如情感线索或逻辑线索。这种方法的优点在于能够比较好地把握对方故事的整体性。

常见问题Q&A：

Q：如果在刚开始练习的时候记不住故事，我是不是可以考虑用纸笔记录？

A：并无不可，但是我一般不建议进行纸笔记录。第一个原因是记录可能会让参与者担心自己的隐私被暴露，即使要进行纸笔记录，也最好在活动开始之前征得所有团体成员的同意。第二，记录这个行为本身有可能对讲述者带来潜在影响。在心理学圈有这样一个笑话，说的是一个七八岁的孩子在咨询室外等待治疗，他感到很紧张。过了一会儿，他看到另外一个孩子从咨询室里出来，就去询问，在咨询室里应该怎么表现？刚出来的孩子说，你不用紧张，你就按照你自己想做的方式做就好，你可以随便拿或者扔咨询室里的东西，你会发现你一搞破坏，那个咨询师就低头做记录。这个笑话其实说明如果我们进行纸笔记录，有可能会让对方觉得我们是在肯定或者否定他的某种行为。比如说在讲故事的过程中，讲述者发现他说到了什么时你在做记录，他可能会想我刚才是不是说到了什么不该说的或值得注意的，这有可能影响他接下来的讲述。第三，我们在记录的时候会分散注意力。一般来讲，我们写字的速度赶不上对方讲述的速度，当我们记录时，有可能对方讲述的一些信息会因为我们的速度跟不上而被遗漏。如果这时候你打断对方来进行确认，往往会中断对方的思路，但如果不这样做，又有可能遗漏信息。第四，如果在对方讲述的过程中我们能把注意力放在对方身上，而不是集中在手中的稿纸上，会更让对方感受到你对他的尊重和关注，有利于更好地和对方建立关系。最后，不依靠纸笔来记住故事也是一种锻炼，经过练习我们会更好地去学会如何记住对方的故事内容。如果有纸笔可以依赖，我们更难锻炼出记住故事的能力。

Q：如果我不能很好地记住所有故事，那能不能采取别人讲一个故事，我呈现一个故事的方式？

A：原则上也并无不可，但是这样会存在一些问题。首先这种方式会受到限制，比如不能应用于故事接龙，因为这会导致团体的动力被打乱。其次这种方式有可能会增加某些成员的心理防御。比如说有人注意到你会呈现某些关键词，那么在他讲述故事的时候就可能会避免，以防止暴露隐私。基于这两点考虑，不建议采用这样的方式。

Q：在玩主题故事与故事接龙的时候，必须要有一个主题词吗？如果有了主题词，会不会让大家讲的故事受到一定的限制？

A：主题词并不是必需的。其实主题词主要是方便大家有一个通过字卡来辅助探索的视角。在有主题词的情况下，虽然故事会受到主题词的影响，但是当我们针对某个词语来讲故事时，在一定程度上也反映了我们对这个词语的理解，或者反映出应对这种状态的思维或行为模式。举个例子来说，如果主题词是压力，来访者讲述的是通过出去旅游来缓解压力的故事，那么有可能意味着来访者对解决压力的方案倾向于旅游。如果大家已经对OH卡牌玩得比较熟练，就可以脱离主题词来讲故事。这样没有了主题词的限制，大家讲述的故事可能会更自由，当然，这也意味着我们无法借助主题词来进行探索。

Q：在使用只言片语技术时，带领者要不要参与到游戏中呢？

A：带领者是可以参与的，不过在大多数时候，我选择不参与到团体中去。这样选择的原因在于只言片语游戏的目的是为了让团体成员之间彼此建立关系并能更好地表达和沟通，带领者参与进去没有意义，比如说企业培训的团体。但是如果在一个连续性的小组中，带领者需要与团体成员建立关系，可以考虑参与到游戏中去。当然，选择参与团体是有一定的风险的，因为参与会导致成员对带领者产生一些印象或者判断，这有可能会影响成员对带领者的态度。

第四章

基础卡个体技术

与团体技术相区别，基础卡的个人技术更偏重于一对一地使用卡牌来进行探索。与团体技术相比，个人技术能够帮助我们在探索中走得更远。换句话说，如果你想知道更多自己潜意识的内容，想要玩得更过瘾，个人技术是优于团体技术的。团体技术虽然能够提供更多的资源，但也会有相应的问题。因为在团体中，受到时间与参与人数的限制，为了照顾到每个团体成员的情绪，带领者关注到每个成员的时间需要相对均匀，这也意味着每位成员能够在团体过程中分配到的时间是非常有限的。一般来讲，如果是两个小时的团体活动，在参与人数为十人的情况下，带领者在需要对卡牌进行介绍、对游戏规则进行说明以及利用团体动力来进行的时间之外，大概真正能够分配到每个参与者身上的时间也就只有五分钟左右。因此，在团体进行过程中，除了成员的自我觉察之外，带领者难以长时间关注某个成员，对其困惑进行足够细致的工作。另外一方面，前一章提到的团体安全的问题也会给探索带来影响，导致团体成员形成心理防御而影响使用效果。一对一使用卡牌让这个过程变得更安全，对方不必担心自己的故事、情绪、现实问题的表达可能会带来的影响，这会帮助他更好地通过卡牌来感受和表达自己，也帮助我们能够把这个过程推进到更为深入的地方。

　　当然，正是因为个人技术会使探索更为深入，在技术层面上也对卡牌的带领者提出了更高的要求。在本章中，我们会详细讲述如何使用卡牌的个人技术来进行探索，以及对OH卡牌故事进行工作的三条线索：三类故事、投射差与象征性。

一
基础卡个体技术——不定向探索

基本操作流程

这里介绍个体卡牌的一个比较实用和经典的技术，在这个技术中，我们既使用图卡，也使用文字卡，让来访者自己通过匹配卡牌讲故事来进行探索。

标准化引导语，大标题为标准化引导语的规定部分，小标题为标准化引导语的可选部分。

1.请洗牌。

将文字卡和图卡递给来访者。有些来访者会对洗牌的方式发问，比如他曾经玩过传统卡牌，可能会问洗几遍，或在抽牌阶段询问是否需要使用非惯用手，这时候带领者只需要回答"按照你喜欢的方式进行就好"即可。

2.请从面前的两组卡牌中各抽取三张，扣放在你面前。

带领者把文字卡和图卡扣放摊开在来访者面前。之所以要强调将抽出来的卡牌进行扣放，是因为这个过程对之后的卡牌工作有一定意义。

3.请从面前的六张卡牌中先选择一张打开。

让来访者从抽到的卡牌中挑选一张先打开。强调六张的意义在于如果不提,来访者有时候会询问是先打开字卡还是图卡。选择先打开字卡或者图卡是有一定意义的,一般来说,因为我们之前对卡牌已经做出基本的介绍,来访者了解图卡与字卡的区别,选择先打开图卡的,一般比较感性,更愿意从感受出发来探索和了解事物,选择文字卡的,相对理性,更愿意从思考的角度来探索和了解事物,这是因为文字本身已经通过了意识的一次加工。在这个过程中也会产生一个可选问题:

对于这张卡牌,你有什么想法或者感受吗?

这是针对来访者翻开的第一张卡牌进行提问,之所以把这句问话放在可选问题之列,原因在于来访者并不一定对第一张打开的卡牌有明显的感受。这个问题一般使用在来访者表现出对这张卡牌的兴趣或感到惊讶,也就是出现了"噢(Oh)"的反应时。

4.现在可以打开其余的卡牌了。

来访者把剩余扣放的卡牌全部打开。

5.请把字卡和图卡做一个匹配。

请来访者把三张字卡与图卡进行匹配。在匹配过程中,来访者可能会出现觉得匹配困难的情况,一般这时候带领者等待来访者进行匹配即可,在来访者提出实在难以匹配要求更换卡牌之前,建议带领者不要主动提出更换卡牌。

6.能说说这样匹配的原因吗?

请来访者讲述一下匹配卡牌的原因。

7.请试着根据你对卡牌的匹配讲一个故事。

在此阶段来访者可能会询问是需要每一组卡牌讲一个故事还是需要把三组卡牌联系起来进行讲述。建议带领者让来访者自主决定讲述方式。

使用不定向探索技术时需要注意的几个事项：

1.卡牌是否可以更换？

在使用不定向探索技术时，我们有时会遇到这样的情况，来访者表示抽到的图卡自己不喜欢，那么这时我们是否让对方重新抽取新的卡牌呢？一般来说，建议大家不用主动提示对方更换卡牌，如果对方明确提出更换卡牌的要求，我们允许对方重新抽卡。这样做的原因在于更换卡牌的动作应该由来访者决定，如果他决定更换，我们相信他会主动提出要求。在一些情境下，来访者虽然表示不喜欢自己抽到的图卡，但是并不影响他进行匹配的过程，而且有时这些不喜欢的卡牌还能带来很有价值的启迪。与此类似的情况，如果在讲述过程中来访者感觉想要调整自己刚才做出的匹配，也是允许的。

2.如果对方陷入沉默，我们应该怎么办？

对新手带领者而言，来访者的沉默往往会让其感到焦虑。在来访者长时间无法做出匹配，或者在讲述匹配原因和故事时长时间沉默，会给新手带领者很大的心理压力。在这个时刻，很容易出现一种想要询问或者帮助对方的冲动："这组卡牌是不是太难？需不需要换一组卡牌？"建议大家克制这种冲动，不要把这样的话说出口。因为对方可能真的需要时间来好好面对自己的内心，也许他需要组织一个让他自己能认可的故事。虽然我们强调在卡牌的使用中尽量减少用头脑来思考，但是如何来做是来访者的个人选择。在这个时刻，接纳来访者的犹豫、不安、心理防御甚至阻抗是非常重要的。在这个时刻，我们可以做的工作有两个：

第一个工作就是等待。一般来讲，在我带领的过程中，来访者的眼睛看向我或非常明确地表达自己的故事已经讲完之前，我是不会说话的。来访者低头摆弄卡牌时说的话，比如"我觉得匹配起来好难""这张卡我不知道要放在这里合适还是那里合适"，我都视作来访者的自言自语。如果我们耐心等待，来访者完成之后自然会做出表示。

第二个工作是呈现。我们也不排除偶尔会有些比较胆怯退缩的来访者，他既无法顺利地完成匹配，又不敢提出更换卡牌的要求。在这时候我也不建议大家直接提出更换卡牌，而是对来访者的行为表现做出呈现，例如：我注意到你对面前的卡牌已经观察了很久，要去匹配这几张卡牌对你来说似乎有点困难。这个工作方式保证了我们不干扰来访者的决定，但是又给了对方一个表达的机会。如果这时对方提出更换卡牌，我们可以允许对方更换。

3.不定向探索技术是三张字卡和三张图卡匹配，会不会出现强制匹配？

只要是限定选择的匹配方式，都不免有强制匹配的可能。如何尽量避免强制匹配给卡牌工作过程带来的干扰呢？在这里给大家一个建议，就是在来访者表述自己的某张图卡是因为前面两张已经匹配好，第三张没有选择只能强制匹配，并且无法给出其他理由和形成故事时，我们可以让来访者再抽两张图卡，看看是否需要更换匹配。这种方式是带领者主动发起更换卡牌的询问，其目的在于：第一，通过提供选择的方式,避免因为强制匹配而影响表达;第二,在实际经验中,并非所有的来访者都会选择新抽的卡牌来进行匹配,有一部分来访者通过观察之后,最终可能还是选择不做出调换,这意味着经过比较,来访者已经可以对卡牌的投射做出解释。经过这个过程,来访者可以认可所有的匹配都是自己做出的选择,从而减少对卡牌工作过程的阻抗。

卡牌故事与解读的第一条线索——三类故事

我们讲述的卡牌故事往往是带有倾向性的，根据这种倾向性，我大致把卡牌的故事分成了以下的三个类别：喜欢或期待的故事、回避或厌恶的故事、过往经历。对卡牌故事这样的简单分类有什么意义呢？之前我已经讲过，投射的作用是我们会把自己内心的想法、感受和态度投到外界来，通过故事种类的不同，我们所投射出来的内容也会有一些差别。我们来看看，三类故事的线索可能会告诉我们什么。

第一类喜欢或期待的故事：这类故事一般是表达自己对于某种东西的喜爱，或者对于某种状态的期待。在这一类故事的背后，往往意味着讲述者在现实生活中缺乏某种体验，或者尚未达成自己满意的状态。

曾有一位来访者针对一张卡牌做出如下描述：我觉得这是我出去旅游，一个人躺在海边。周围没有什么人，环境十分安静。我喝着啤酒，享受傍晚的海滩光景，心里觉得很轻松。

这样的描述反映着来访者怎样的心理状态？在一般情况下，这位来访者目前所处的状态可能是比较忙碌、压抑的。我们会发现，周围的朋友当中，天天叫嚷着想要出门旅游的，往往是没有时间去的。如果他自己的生活比较悠闲，没什么压力，一般不会特别在意是不是经常出门旅游，或者说，对于清闲的人来说，出门旅游也是比较容易达成的。人都有这样的一个特点，对于已经被满足的需求，一般不会特别强调，因为在意程度会降低，这就像是当我们吃饱了饭，就很少再去想其他好吃的东西。所以，我们通过上面来访者的讲述可以大致推断，对于这位来访者而言，近期可能压力比较大，需要放松。

第二类回避或厌恶的故事：这一类故事一般是指向一个来访者不喜欢的场景，这个场景让来访者感到不适或者直接回避，比如来访者看到卡牌就说，这张卡好可怕，这张卡让我有不舒服的感觉。对于这一类故事，我们要考虑，来访者描述的不良感受和状态可能是他正在体验的感受，这种情况可能在来访者的生活中一直存在或者正在发生。

第三类与过往经历相关的故事：这一类故事一般是来访者直接谈及自己过去的经历，讲述自己过去的生活中曾经有过这样的片段，或者卡牌激起来访者过往的某一种感受。在这一类故事中，我们又把过往的经历分为两类，一类是正向的积极的体验，一类是创伤性的消极的体验。在这两个类别中，积极体验的部分与前面讲述的喜欢或期待的故事类似，也反映着缺失。这里我们也举一个例子。

一位来访者对卡牌做出如下描述：这张卡牌里面滑梯上的是一个成年人，二十六岁，他独自一人在这里，觉得有些失落，但似乎也在准备面对一些责任和压力。这让我想起二十六岁时的自己，那时候我刚刚认识我的夫人，我们一起度过了两年很轻松也很快乐的时光。现在我们已经结婚，也有了孩子，我觉得有些压力，过去轻松的时光可能已经很难找到，但我也准备好要接受作为一个丈夫和父亲应该承担的责任。

在这个案例中我们能够看到，来访者直接把卡牌和自己过去的经历联系在一起。与喜欢和期待的故事不同，过往的正向体验的故事，大多是曾经有过的比较好的体验，但在目前的生活中已经缺失或难以寻找。

在过往经历的故事分类中，消极体验部分的故事和第二类回避与厌恶的故事有所类似，都反映着这种消极体验可能在现实中存在。我们也用一个例子来进行说明。

一位来访者对卡牌做出如下描述：在这张卡牌中我看到两个人，卡牌左侧身材较小的一个人正在试图说服右侧身材高大的那个人。在我小的时候，如果和弟弟发生冲突，有时并不是我的错，但爸爸经常不问原因就批评我。我会感到委屈和愤怒，试图向爸爸解释，但似乎并没有收到什么效果。

一般遇到这一类情况，我们要考虑这样的经历可能对来访者曾经形成某种创伤，这种体验被卡牌唤起，说明来访者的创伤可能并未完全处理，或者来访者在最近的生活事件中遇到了相似的情景，比如与上司之间发生了一些不愉快，这让来访者感到委屈但解释无力，这种经历让来访者过去的经验被重新唤起，并反映到卡牌的故事中来。

三类故事的线索只是对于卡牌的故事进行了简单的粗分，并不一定百分之百地准确反映出来访者的全部情况。但是根据这些线索，我们可以大体上抓住一些感觉，这让我们有机会接近来访者的潜意识。在来访者讲述的故事中，也常常出现三类故事混合的情况，比如在故事的开始讲述的内容偏向于回避和厌恶的主题，在故事的结尾则表现为对未来的期待。

卡牌故事与解读的第二条线索——投射差

什么是投射差？投射差意味着在带领者和来访者之间，对于同一张卡牌有各自不同的感觉和看法。当这种投射差出现的时候，意味着来访者在对卡牌的解释上呈现了个人投射。比如说，一张卡牌中有两个人，在来访者的描述中，其中一个是男人，另一个是女人，但在带领者看来，图片中的两个人没有明显的性别区分。这样的情况就意味着两个人的投射出现了差别。当这种差别出现的时候，我们就可以向对方提出问题。

对于一些新手带领者而言，在最开始使用卡牌的时候不知道如何来进行提问，很多时候也是因为不知道如何使用投射差的线索。我们在这里讲到的投射差，其实并不仅仅局限于带领者的主观投射与来访者的投射之间的差别，而是指来访者投射与任何可能出现的解释之间的差别。因为我们知道，在我们自己去观察卡牌的时候，如果我们给了卡牌一个解释，那就意味着我们把自己的感受投射在卡牌上。这种主观感受的差异在人和人的交流之间是必然产生的。如果我们只是根据自己的主观感受来考量投射差，有时不免在卡牌的进行过程中过多地加入自己的投射，这种情况如果被来访者查知，会让对方感到不适，并有可能进一步产生防御甚至攻击带领者。另一方面，如果带领者的主观感觉和来访者的接近，就难以发现投射差。就像上面的例子中所示一般，如果带领者也感觉卡牌所示正如来访者所说，那么带领者就不会在此处提问。我们知道，来访者的任何投射都可能具备心理价值，没有关注到这个部分，就可能会错失一些探索机会。

卡牌故事与解读的第三条线索——象征性

特别提示：卡牌的象征性线索是根据卡牌上呈现出来的一些意向或原型去理解卡牌的方式。在本书中涉及的象征性解读，主要是在实际工作中对卡牌故事做出的总结，并非对卡牌含义做出的定义。

在三类故事与投射差的线索之外，我们还可以通过什么样的方式去理解卡牌的内容呢？我们会发现，在大量使用卡牌的过程中，针对某张卡牌，很多来访者会讲出相似的故事。这会让我觉得很有趣，因为投射是个人化的解释，但为什么不同的人看到相同的卡牌会做出近似的解释呢？这并不能说明这些人就具有相同的特质，而有可能是卡牌上的某些信息触发了他们去讲述类似的故事主题。我们以卡牌分组中动物组的卡牌为例。

在这张卡牌上我们大都看到的是飞鸟。很多人在看到这张卡牌时所想到的词语都与自由相关。因此我们会有这样的考虑,这张图片中的飞鸟以及它所处的状态,会让人们把它和自由连接起来。这就是象征性的符号。

从原始的部落时代起,人类就使用象征性的符号化语言来进行工作。最早产生的符号就是图腾。图腾可以说是人类历史上最早的文化形式,古人因为对外部世界的了解有限,从而把对某种自然现象的迷信或有血缘关系的亲属、祖先、保护神等,当作自己部落或氏族的象征。由于认识有限,再加上生产力的低下,古人试图解释自己的来源,就把自己的氏族产生与某种动植物或是自然现象联系在一起。人们崇拜图腾,也相信它们具有超自然的力量,会保护自己,通过这种崇拜来获得图腾的力量与技能。图腾崇拜的主要对象是动植物、非生物的自然现象等。在一开始,图腾的形象与自然界的动植物的原始形态是非常接近的,随着人类想象力的提高,图腾的对象开始向拟人化发展，再后来，逐渐转向祖先崇拜，并最终发展为神话和宗教。

在我们使用语言的时候，也大量使用象征来进行隐喻。举个简单的例子来说，中国古人说"人往高处走，水往低处流"，这里的高与低就是一种隐喻，象征着人的本性向上，需要不断提升自己往更好的方向发展。而在我们说起灯时，比如"心中的明灯"，这里的灯作为象征物，代表着情感、启迪、真理的指引。正是因为我们大量使用象征性符号来进行表述，所以理解象征性符号有时能够帮助我们发现藏在语言和意识背后的隐喻。

部分卡牌的象征性内容讨论

因为每个观察者都有自己的解读和视角，在这里提及的所有卡牌象征性内容都是以来访者描述出的内容为例，如果来访者看到的不是如下内容，其意义与下述内容无关。

动物卡组

动物在人类的历史中占据着重要的地位。人类依靠动物生存，也与之共生。在人类的每个发展阶段，都不难看到动物的身影，所以动物的象征性符号也出现在人类生活的方方面面。卡牌中的动物因为图像本身的模糊性，带来了多样的解释可能，这值得我们注意。之前我们在卡牌分组时也把带有动物图案的卡牌单独分组，其主要原因也是在于动物组的卡牌呈现的象征性因素会非常多。

我们首先以上面飞鸟的图卡为例。这张图卡会让大多数人联想到自由的主题。不过大家也会注意到，我在描述中以"飞鸟"来形容这张卡，并未确指这是什么鸟。这也是一部分动物卡的特点，因为我们从图卡的角度而言，很难确定这到底是哪一种鸟。在来访者的描述或者故事中，有可能对此加以确定，那么我们就需要根据来访者所确定的概念来进行探索。

在这张图卡的故事中，飞翔的鸟可以是鹰，可以是鸽子，可以是海燕、海鸥，也可以是燕子、天鹅等。在这里我们不妨有一个考虑，如果两个人讲述的故事大抵相同，但是一个人讲的是鹰的故事，另一个人讲述的则是天鹅的故事，那么我们会觉得因为故事类似，这两个人的特点就相同吗？估计不会。原因就在于我们对这两种动物的象征性的普遍理解存在着差异。鹰因为体型、速度、敏锐的目光和强大的狩猎能力，一直被视作力量与敏锐的象征。在古代传说中，鹰也象征着勇敢自由的精神。而天鹅一般则象征着纯洁、美丽、高贵。两个人对于鸟的不同定义，往往也意味着这两个人在心理特质上的一些差别。通过对这些差别的探究，我们有可能从这个角度对来访者进行理解。

在常见的类型中，鸽子一般象征着和平，但这个象征性其实最早源于《圣经》。大洪水之后，诺亚从方舟上放飞鸽子，来确定洪水是否退去，上帝让鸽子衔着橄榄枝返回，代表着人间尚存希望。燕子象征着春天与希望，因为迁徙的习性，也被认为与回归联系在一起。在我的工作中发现，也有很多人把燕子当成海鸥，认为是勇气的象征，这可能源于高尔基的《海燕》在国内被人熟知。当然，实际上这是两种不同的鸟。

在这张图卡中，有些人把这个动物看成狼或者狗，也有一些人认为这是豹或是猫。

古罗马人认为狼象征着母爱、勇敢与胜利。现代人则认为狼是残暴和狡诈的。同时，因为狼是群居动物，也被视为善于合作。狗自古就是人类的伙伴，因为它们忠于主人的性格，一般都被认为是忠诚和保护的代表。同时，犬科动物一般带有男性的象征。

猫一般象征着任性、敏捷、优雅、感官之美。其他的猫科动物还有速度、力量及完美的象征性，如狮和豹。猫科动物常常被视作女性的象征。

有些人描述在这个动物的身后是一个洞穴，这个动物是在守护洞穴。动物采取这种张嘴的姿势往往是在警告对手不要靠近，这是一种防御的姿态。有关这张卡牌的故事中，常见防御或者自我保护的意象。

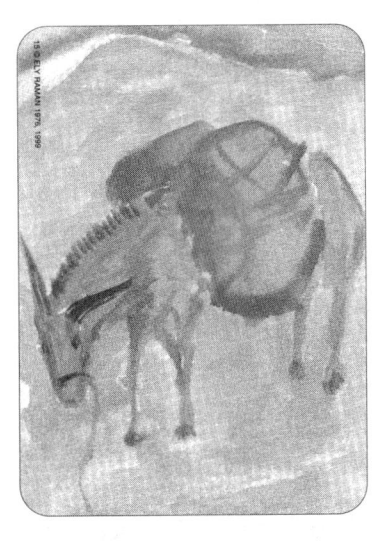

在这张图卡上,动物身上驮有货物,也有人会注意到缰绳。在多数情况下,这个动物被认为是马或者驴。从象征性方面来看,马象征自由、速度,而驴则是固执、愚蠢和力量的代表。我也遇到过说这个动物是骡子的情况,其实这是个很有趣的现象,骡子是驴和马的杂交产物,相较而言,骡子继承了马和驴的一些优点,一般有更强的耐力和负重能力,也具备灵活性和奔跑能力。但是作为杂交物种,骡子基本没有生育能力。在之前的一次沙龙中,来访者的故事是一头骡子被困在沙漠中央,没有方向也没有水,沙漠也没有边际。当时我们所探索的主题是情感,这里骡子的出现似乎加重了对情感的绝望。说到这里可能也会有人问,提起骡子很多人并不了解它没有生育能力的特点,这样是否有过度解读的成分呢?这里我们说几个因素,第一,我们不会因为对方描述这个动物是骡子就做出绝望的解读,而是通过呈现的方式反馈给来访者,并探寻它对来访者的价值。第二,从文化对心理影响的角度上看,人们的不了解与潜意识表达可能并不是矛盾的，象征本来就与集体潜意识息息相关，所以，金刚狼由男人饰演，而和猫相关的超级英雄则是女性，这与我们对猫或者狼的象征性是否了解并无关系。第三，对于象征性的探讨主要是为卡牌带领者提供参考，以便带领者有更多机会对来访者表达的内容进行关注，也有机会看到更多的资源，后面我们会讲关于象征性的提问。

在这张图卡的故事中，常常涉及压力与责任的主题。可能是这张图卡的信息让人觉得货物是沉重的，动物的自由也受到了限制。如果来访者表示感受到责任沉重，可能需要我们和他一起尝试探索他是否背负了一些超过能力范畴或本不应承担的责任。

这张图卡上的动物一般被视作蚂蚁或蟑螂。这样的图景常常让有点密集恐惧症的人感到害怕。在来访者的故事中，常常有无秩序与混乱的主题。在象征性上，蚂蚁是勤勉和力量的代表，在大多数情况，蟑螂是生命力强盛的代表。蚂蚁和蟑螂是典型的R策略生物，与优生策略的K策略生物相反，这两种昆虫都不重视个体力量，而是依靠大量繁殖来生存。但蚂蚁与蟑螂又有所不同，蚂蚁还被视作协作的代表，因为蚂蚁有非常明确的分工，在外表看来的混乱无序之下其实是非常有秩序的。

很多人看到蛇的第一反应是危险。色彩斑斓的蛇往往也是有毒的。但除了危险之外，蛇也象征着灵活与智慧。在很多宗教与神话故事中，蛇都具备着双重性，既可能是正义的使者，也可能是恶魔的化身。在《圣经》中，蛇引诱亚当和夏娃偷食禁果，最终被赶出伊甸园。蛇也在基督教中成为欺骗与诱惑的化身。但在波斯和埃及，蛇被视作智慧的化身。在作为医学象征的蛇杖上，蜕皮的蛇被古希腊人视作生命力与新生的象征，蛇也被人视作治愈的代表。

与蛇的图卡类似，因为相对比较具象，所以绝大多数人会认为图卡上的动物是龟。因为图卡背景的原因，很多人认为蓝色的部分是海洋，而黄色的部分则是沙滩。如果按照这个理解，这只龟是海龟的可能性比较大。在大多数人的理解中，海龟是温驯而长寿的。中国人对于龟也情有独钟，在上古，表示天空东南西北四大区星象即是用青龙、白虎、朱雀、玄武四神代表。其中玄武就是以龟的形象出现的。后来玄武成为龟与蛇组合的圣兽。在中国人的理解中，龟也常常代表长寿和智慧。当然，玄武的原型并非海龟，而是陆龟。不过不管哪一种龟，比较通用的象征是迟缓、有韧性。在《龟兔赛跑》的故事中，龟也具有这样的象征性。

我们可以看到，对于动物卡，我们需要加以注意的是确认动物的种类，并尝试与来访者探讨对这个动物的自由联想。切忌以我们认为的动物种类来判断来访者的看法。

抽象卡组

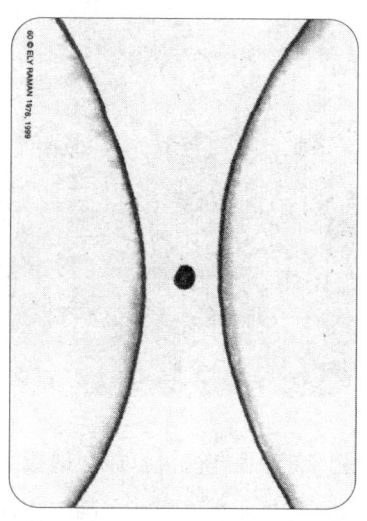

这张卡牌是基础卡的八十八张图卡中内容最为简洁的,同时,这也是图卡中唯一一张上下左右对称的图卡。对于这样非常简单的卡牌,更容易产生多样的、差别很大的描述。比如很多女性在这张卡牌上看到纤细的腰肢,这可能与现代审美环境下大家比较重视身材有关。也有人描述这是篮球的局部,中间的黑点是篮球的气孔。我听到的其他描述还包括,桥上行走的人、河流中的蝌蚪、信封、衬衫上的纽扣或者污点、两个盘子中间掉落的豌豆等。

从象征含义上看,在这张卡牌的故事中常见带有压力情境的主题。比如一个人在路中间前后两难、正在通过瓶颈等。这可能与两侧的线条向中间偏移,给人以挤压的感觉有关。但从资源的角度讲,度过中间的阶段,无论是向前还是向后,都有更宽阔的空间。不妨说选择向前可以一览众山小,选择退一步亦可海阔天空。

  这是一个盒子吗？或者是电视机？放在地板上的垃圾桶？或者这是通往另一个世界的洞口？抽象卡组的卡牌往往被赋予各种各样的含义。我听过一个有趣的故事是这样的，来访者说这是放在地面上的一个盒子，盒子里有一只苍蝇，在盒子的正上方盖着一面玻璃板，苍蝇被封闭在盒子内，无论怎么努力也没办法飞出去。在其他的一些故事中，也能找到类似受限制的主题，比如说认为这是监狱。或许是因为四面环绕的情况会让人联想起墙壁的原因吧。

  这是一张带有神秘性的图卡。在画面的正上方似乎是十二芒星的符号，也有人认为它画的是太阳。在它的下方，似乎是一个祭坛，因此很多人认为这张图卡上的图案是一个庄严的教堂。会把这张图归类在抽象卡组，原因是这张图表达的场景看来并不确切，有些人会把它看作蛋糕，也有人联想到棺材与灵位，也有人说这是一个火箭发射台。

  很有趣的是，关于这张卡牌的故事中，常常出现与传承、继承相关的内容，这可能是在东方的文化背景下，这张卡牌比较容易被视作与祭坛、棺材、灵位有关。

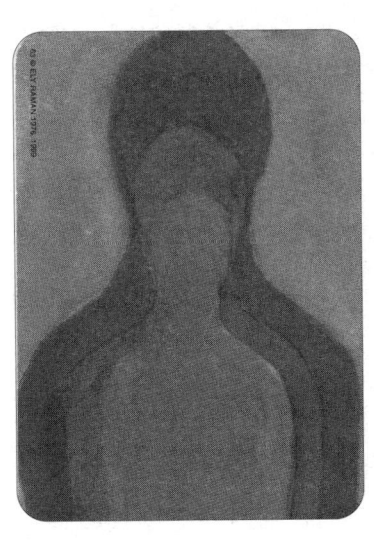

在这张卡牌中似乎有几个人的轮廓，有人看到三个，有人看到四个。关于这张卡牌，常常涉及内在感受与外在表现、个人的发展与成长、灵魂与肉体等主题。一种发展的趋势是由内至外，呈现出成长和变化为主，另一种发展的趋势是由外至内，逐渐趋近于自我核心，呈现出探索和自我接纳的主题。

在这里需要提醒的是，象征性是为了更好地打开带领者的思路，让我们有更多的角度理解卡牌，但需要尽量避免受到象征性的限制。拿这张卡牌的实际情况举个例子：之前曾有一位学生给一位管理者做卡牌，来访者抽到的正是这张图卡，他在图卡中看到四个人，他的描述是两个人一组，分别走向不同的方向。学生当时的解释是似乎来访者的内在有一些矛盾，可能受到两种力量的拉扯，因此犹豫不决。在卡牌督导的时候，我提出了另外一个思路，就是来访者作为一位管理人员，在这张卡牌上呈现的或许就不单纯是自我体验中的情形，也可能代表现实中的情境，也就是这可能意味着他感到团队缺乏凝聚力，不能采取一致的行动。学生发现这位管理者的团队似乎确实存在这样的情况，手下的人有时不太听从领导指挥，各自为政或形成小团体。当然，这不意味着我的解释就更好，学生的解释就有问题，因为这两种解释并不矛盾——外部的现实冲突与内部的心理冲突完全可以同时发生。但这个例子说明，卡牌的工作具有多重可能，避免受限是带领者非常需要重视的问题，带领者的不受限，才有可能为来访者提供更多的觉察与突破限制的机会。

抽象组卡牌的特点就在于有多种多样的解释，在其他的几张抽象卡牌中，因为故事太过于个人化，所以目前我并没有发现比较有代表意义的象征性主题，因此在这里不做专门介绍。

另外一些有代表性的图卡

这是图卡中带有暴力主题的一张，从卡牌的分组来看应该属于双手卡。之前我们提到过，在双手卡的使用过程中，需要对手进行区

分，在这张图卡上可能存在的情况分为四种：1.自己砍自己的手。2.自己砍他人的手。3.他人砍自己的手。4.他人砍他人的手（自己作为旁观者）。

在这张卡牌的故事中，常常与惩罚的主题相关，如果描述是自己砍自己的手，指向自我惩罚，如果描述的是其他三种情况，则往往是惩罚。举例来说，有位来访者看到这张卡牌想起"双十一"，因为"双十一"被戏称为"剁手节"，由此联想到的是来访者自己在生活消费方面的一些失控，自己剁手的行为则是对失控的惩罚。

在这张卡牌中，大多数人看到的是两个人走向不同的方向。图案中上方红黑色的部分，有人说是路标，有人说是两辆相撞的汽车，也有人说是蟑螂。在这张卡牌的故事中常见分道扬镳的主题，大多指向意见不一致而导致的分离。这张卡牌有一个有趣的点，很多人会把右下角比例更大的人视为自己，这是由于一般我们习惯把距离近的和自己连接起来，但是常常这个人却更多地在情感上体验到孤独无助。在很多故事里，左上的人不是某一个具体的人物的代表，而是代表着其他人或者主流人群。在这些故事里，主人公是选择了和更多人不同的生活方式，踏上自己想要追寻的道路。虽然内心的渴望或者独特的价值观让主人公选择了自己的道路，但往往他们会担心没有同伴和支持，对自己选择的陌生的道路也会有恐惧和质疑。如果出现这样的情况，带领者可以适当给予支持。

这张图卡被大多数人认为是牧羊人与羊。对这张图卡的提问中，会有个稍微特别一点的问题——羊是从栅栏中出来还是要回到栅栏中去？从象征意义上看，栅栏代表的是规则、限制，同时也是一种保护。羊在中国的十二生肖中象征仁义公平、亲善祥和，是美德的代表。在西方，上帝也被称为牧羊人。在这里如果我们把自己视作牧羊人，这幅图卡就有自我管理的象征意义。

当然也有其他情况，比如说我也数次听到栅栏中的并不是羊而是水或者雪、棉花。这就需要对这些意象做相应的提问。我们在这里重点说一下关于栅栏中是水的情况。从逻辑上讲，栅栏是无法拦住水的，大部分关于水的故事也是水从栅栏中冲出来。从呈现的角度上我们可以把这个逻辑矛盾呈现给对方，但是，这需要确认围着的确实是栅栏，如果不是栅栏就未见得不合理了。从象征的意义上来说，水因为是生命的源泉且形态多变，所以往往象征着母性与阴柔。与此同时，卡牌中水常常也是情感的象征。

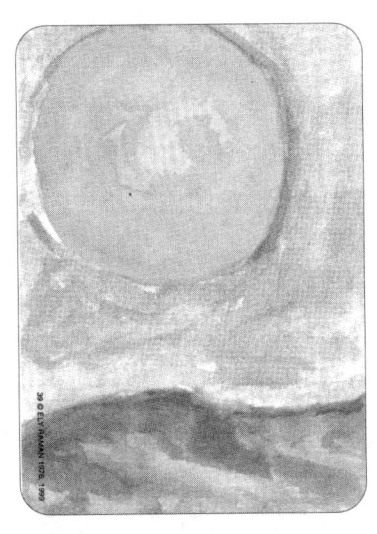

太阳被认为是能量的源泉，是力量与活力的象征。在一些神话和传统故事中，太阳被称为"宇宙之父"，所以太阳神也大多数是男性身份。而大地则被认为是母神，大多以女性的身份出现。对这张卡牌，很多人都讲到与家庭有关的故事。我常开玩笑地说，这是因为这张卡牌从象征角度讲是父母双全。不过也有不少人认为卡牌上是月亮，如果是月亮，感受则会完全不同。月亮在各种文化中往往是女神的化身，同时也象征着希望与启迪。

小丑在大家的印象中本是从事着让人快乐的工作，但是不少人在面对这张图卡时反而感到悲伤。小丑在一成不变的笑面化妆下，似乎隐藏着悲伤。在很多故事中，小丑真实的感受往往与脸上的妆容并不相称，但是他似乎要尽力掩饰自己的情绪，继续自己的工作。

从象征性上看，小丑代表着欢乐，他通过古怪的装束和出丑的方式来引人发笑。扑克中的大小王和麦当劳叔叔就是小丑的形象。这样的方式代表着一种自我贬抑，通过这种方式，小丑也获得了一种特权——展示人真实的、非理性的一面。这种愚笨形象既能让人发笑，也让人觉得恐怖。在很多恐怖片中，反面人物都装扮成小丑，滑稽的装束与恐怖的行为形成强烈的反差。在《蝙蝠侠》电影中，演员希斯·莱杰也塑造了让人印象深刻的反派小丑形象。

或许正是由于小丑在象征层面的特点，在很多关于这张图卡的故事中都涉及压抑与伪装的主题，在这个主题背后，是真实的情绪。

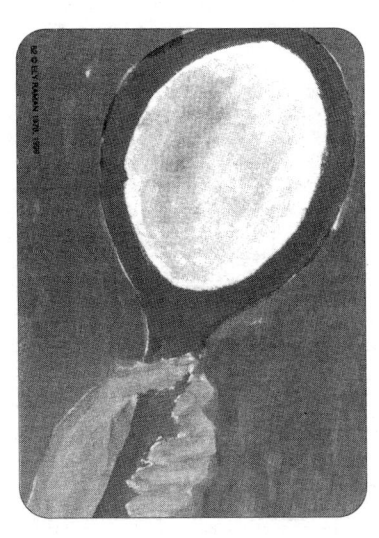

　　镜子是大家都很熟悉的生活用品，在镜中，我们观察自我并确定自己的状态。照镜子的行为象征着一种自我审视，我们通过镜子来观察自己并进行调整。人具有意识，但我们意识到自己有意识并非表层意识的工作，因此我们也把意识本体喻为镜子，我们的意识被它所映照。在对这张卡牌的提问中，我们可以问问主人公在镜中看到了什么，如果他是在照自己的形象，我们可以邀请对方描述一下镜中映照出来的形象，这个形象可能代表着来访者对自己的认知，或者是对理想化自我形象的期待。

　　当然，如果对方看到的是网球拍或者红太狼的平底锅，我们就需要另作讨论了。

在这张图卡上我们看到两个正在赛道上奔跑的人。他们似乎是运动员,在服装的背部印有号码。比赛带有竞争意味,所以在这张卡牌的故事中也常常涉及竞争的主题。这两个奔跑的人哪个处于领先位置,是2号还是5号呢?不同的人有不同的答案,因为这张图卡的视角原因,很多人觉得两个人是并驾齐驱的。还有一个小细节,似乎这两位选手跑步的姿势有点怪异,仔细看他们似乎是顺拐的,你注意到了吗?

　　这是一张象征着困境的图卡。多数人看到的是一条死胡同——正前方与右侧都是墙壁,而左侧则似乎是铁丝网。在图卡的右侧还有一个黄色的牌子,上面的英文是"DEAD END",这个英文也是死胡同的意思。有些人并不会太注意这个英文单词,或者是看到了也并不知道单词的确切含义,但这一般并不影响他们对卡牌的理解。

　　关于这张卡牌我听过一个有些惨烈的故事,来访者说这是一条必经之路,很多人需要通过这条路到达一个新的地方。但是这条路的尽头是一堵墙壁,很多人在这里撞得头破血流甚至粉身碎骨,他们的鲜血把墙壁染成了红色。来访者自己也是需要通过这条路的一员,他正在试图穿越墙壁,但是还没有找到合适的方法。

　　如这张图卡一般,人生中有时也需要面对一些死胡同。在这些时刻,我们大抵有两种选择,要么我们寻找方法来穿越这个困境,要么我们意识到路或许并不仅此一条。很多来访者所面对的困境,就是在当时的情境下,觉得自己只有一种选择,而这种选择又恰恰让他感到难过。在这张图卡上存在着一些资源，诸如有牌子警示这是死路、尽头的墙壁看起来似乎并不是很高、左侧的铁丝网似乎比较容易翻越，或者至少，我们还有回头路可走。如果来访者在故事中身处绝境，我们可能需要帮助他去看看，还有哪些资源是可以被利用的。

如何探索象征性？

象征性是理解卡牌的三条线索中最后考虑的信息。一般只应用在卡牌探索遇到困难的情况下。因为象征性的内容是复杂而多变的，所以带领者需要多加小心，不能把自己的想法当成来访者的感受。针对象征性，建议大家使用象征性提问：你在这张卡牌上看到一头驴，当我们说起驴子时，你会想到哪些词？可以告诉我三个你想到的词语吗？用这样的提问方式，我们还是首先尊重来访者对象征物的解读。而来访者词语的内容和排列顺序，也是我们可以关注的信息。举例来说，来访者对于驴子给出的词语是固执、愚蠢、有力量，我们可以继续探索这些词语对来访者及其故事的意义。另一方面来说，经过自由联想，每个人对象征物给出的词语也会出现差别，我们可以把这种差别也当作一种投射差来进行提问。

象征性的线索并非只针对卡牌画面中已经存在的内容。在来访者的故事中，即使是卡牌画面外的内容，如果带领者感受到其中的某个意向具备象征性的探索价值，我们也可以使用象征性提问来进行探索。举例来说，来访者在故事中提到收到一个礼物，这个礼物是一枚珍珠，我们可以针对珍珠来进行象征性提问。

在这里也说一个运用卡牌象征性工作的例子。在一次卡牌的体验沙龙上，某位团体成员抽到了这张卡牌。她并未形成完整的故事，只是描述这是一个播种的农民。但是在谈及对卡牌的自由联想时，她描述说感到这个农民有些寂寞，原因是孩子离家。这种感受与她的现实情况相联系，因为她的孩子要去读大学，即将远行离家。对于这位在孩子身上倾注了很多心血的女士，孩子的离家让她感到有些空落落的。在之后的团体讨论结束后，我询问这位女士，可否提一个和卡牌探索不太相关的问题，如果她不愿意回答可以不回答。征得同意后，我询问的问题是："你近期是否想过要二胎？"那还是数年前，当时国家并未开放二胎政策，这位女士也过了生育年龄，这个问题的提出还是相当有风险的。但是这位女士非常惊讶地回答我说："你怎么知道的？我前两天还跟我丈夫开玩笑说我们要不要再生一个！"这里面就使用了与象征性有关的技术，之前我们也讲过，大地在象征性上代表着母亲，播种则象征着孕育，所以我当时才有此一问。这个问题引发了大家的兴趣，也觉得卡牌确实是一个非常有趣的潜意识探索工具。

不过需要说明的是，这个方式并不是一个规范的使用方式，可以说它是一种非常规技术。一般来说，建议大家尽量减少使用非常规的方式，因为这需要冒很大的风险。如果仅仅只有象征性层面的信息，我是绝对不会贸然如此询问的。能这样问的前提，也是因为知道这位女士因为孩子的离家而产生了空虚感，从心理上讲，这种空虚是因为与之前关注的对象分离而导致的。很多父母在孩子成年，即将离开家庭时都会有这种感受，作为对这种感受的补偿，有些父母会产生再要一个孩子来进行心理补偿的念头。正是因为有这个背景存在，又恰好对应卡牌的象征性含义，我才试着提出这个问题。从这个例子可以看到，象征性的解读有时会给卡牌的探索带来意想不到的突破，但是不可直接使用象征性来对来访者的卡牌进行解读。我们还是要使用常规的象征性提问来进行工作，非常规技术只能使用在来访者的故事背景与象征性完全一致，并且在团体关系或带领者与来访者的关系比较融洽的基础上。即便满足这两个条件，也不能把象征性层面的解释强加给来访者，认为来访者不承认就是防御，这样的方式对于卡牌探索的进行和来访者的成长都是毫无益处的。后来，我向对方解释了我会这样询问的原因以及卡牌的象征性从何而来，同时也继续讨论了孩子离家对她的心理影响，这或许才是我们真正要通过卡牌完成的工作。

一

卡牌提问技术

在卡牌的工作中,除了重复、呈现之外,如何提出一个好的问题也是重要的一环。对于一些来访者而言,通过重复和呈现,他们就可以比较好地完成自己的故事并从中获得领悟。但在另外一些情况下,我们需要通过提问来引导来访者进行工作,帮助来访者完成故事、确认来访者故事中的信息、激发来访者的感受。

1.对来访者的观察和感受提问:你在这张卡牌上看到什么?你的感受如何?

2.追问来访者抽到的卡牌与他的关系:你觉得抽到的卡牌与你最近发生的事情或体验到的感受相关吗?

3.在来访者的故事很简单或他表示不知道如何讲述故事的时候,邀请对方描述卡牌:能不能给我更详细地描述一下,你在这张卡牌上看到什么?

4.就双方观察或感受的不一致提问,但避免主观投射:这张卡牌上的人似乎并没有一定的性别特征,你说他是男人/女人,我很好奇你为什么会这么说?

5.对来访者描述的细节提问：你注意到这个人身上有一个红色的斑点，你觉得它是什么？它从哪里来的？

6.对卡牌中的人物关系提问：你说卡牌中有两个人，他们是什么关系？

7.对卡牌中的人物行动及感受提问：你觉得这个人正在做什么？当他做这件事的时候有什么感受？

8.对卡牌中人物所处的环境提问：你觉得他正处在一个什么样的环境中？这个环境对他有什么影响？

9.就来访者在卡牌中的位置提问：当你讲述这个故事的时候，你在这个情景中吗？你是这个情景中的谁？你的感受如何？

10.询问可能采取的应对方式：在你的故事里，主人公似乎感到很愤怒，他可以采取哪些方式来缓解这种情绪？

11.如果来访者描述的内容超出卡牌范围之外，就其卡牌外的内容提问：我注意到你刚才说有一个人，这个人好像并不在卡牌中，我有些好奇这个人的情况。

12.追问卡牌故事的后续发展：你刚才讲述了一个……的故事，你觉得在这之后会发生什么？故事的主人公怎么样了？讲述了这个故事的后续情节，你的感受如何？

13.在有文字卡的情况下，追问故事与文字之间的关系：我们今天的字卡是"女人"，你刚才讲述的故事，和"女人"有什么关系吗？

14.邀请来访者重新观察卡牌并尝试整理：现在，你觉得卡牌的匹配或顺序需要变动吗？你觉得卡牌的匹配可以变动吗？

一

个人技术使用过程的三个基本环节

在个人技术的使用中，我们应该有一个怎样的工作顺序？如何结束一组个人技术的探索并令对方有完成感？这里我们讲一下个人技术中的三个基本环节。

第一个环节——标准化操作

在个人技术中，我们的第一个工作是按照标准化的指导语来完成。标准化的引导语能更好地引导来访者完成匹配过程，尽量减少因为指令不清导致的来回确认。同时，对于新手带领者而言，标准化引导语的使用会让你显得更为专业和有信心，这样也会有助于来访者对使用卡牌产生信心。因此，在卡牌的第一步操作中，我们尽量按照标准化指导语来进行。

第二个环节——提问与呈现

当来访者已经讲述了匹配卡牌的原因并完成了他的故事，我们就需要进入到第二个环节中。在这个环节里，我们主要有两个工作，第一个工作是对来访者描述中我们没有确定的部分进行澄清，对来访者的故事进行补全。第二个工作是对来访者之前陈述的内容进行提问和呈现，通过这样的方式来帮助来访者进行自我探索。当我们已经把我们能够关注到的内容都与来访者一一讨论完毕，就可以进入到总结与反馈的环节了。

第三个环节——总结与反馈

这个环节是为了能够顺利地结束一组个人技术的卡牌探索。在这个环节中，我们的目标是对于之前我们与来访者已经探讨过的内容做出总结，并把我们在这个过程中探索到的问题、资源、解决方案、领悟等反馈给来访者。这个过程能够强化来访者对整个卡牌过程的理解和认识，同时也顺利地过渡到卡牌探索的结束。我们可以这样来进行总结和反馈："在刚才的这一组卡牌中，你讲了……的故事，我们在其中探讨到……你发现……"在对方对这个信息做出确认后，我们可以询问对方："今天这组卡牌就到此结束可以吗？"如果对方回答是肯定的，我们就可以结束卡牌工作了。如果对方继续询问或表示不可以，我们询问对方："你还有什么是想要表达或者与我讨论的吗？"在对方说完之后，我们重复总结与反馈的过程，然后结束。

一

个人技术案例展示

指导语部分省略

故事：这是一位伟大的母亲，养育了她的孩子，正在给孩子哺乳。我觉得女人特别的伟大。敌对是说这是两个人，不是在握手言欢，而是在较劲，看看谁赢谁输，决定了之后谁更主动。这张图是一把铁锹。一个人正在用铁锹干农活，修整他的花园。可能他还是很想再继续做下去，但是在这时我正好抽到了停止这张字卡，我希望他停止下来，休息。

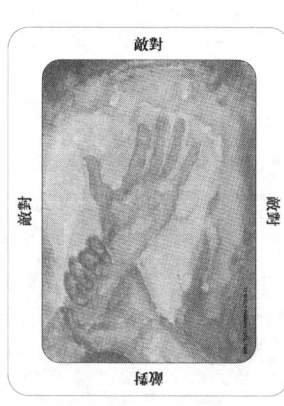
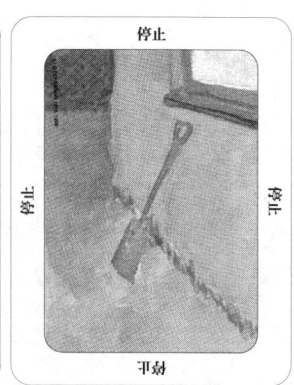

带领者：在第一组中，你说这是一个伟大的母亲，正在哺育她的孩子。你觉得这个孩子多大了？

来访者：两个月左右。

带领者：你觉得这位母亲的状态如何？

来访者：有点焦虑。

带领者：你觉得她可能在焦虑什么？

来访者：她可能是第一次当母亲，不知道怎么去养育她的孩子，或者不知道怎么照顾孩子的情绪，不太懂，所以她比较焦虑。我觉得这可能跟我刚开始有孩子时候的状态有关系，因为我是二十五岁有的孩子。我当时觉得我自己还没做好当妈妈的准备，但这时候孩子降生了，我有些焦虑。我虽然心中是喜悦的，但是看到卡牌中妈妈的表情，觉得是有点不太舒服的。

带领者：你觉得妈妈的生活是怎样的？

来访者：看不出来。

带领者：你知道她是焦虑的。

来访者：我觉得那个焦虑是不知道怎样当好妈妈的一种担忧。

带领者：未来可能会有人帮到这位母亲吗？

来访者：我觉得只能靠自己。

带领者：好像别人是帮不上她的。

来访者：我觉得很多事情我虽然不知道怎么做，但我觉得这只能靠自己，慢慢地学会怎么去做一个母亲。这样焦虑会慢慢地淡化，但最开始是比较焦虑的。

带领者：你说这两个人是在一个较劲的状态。

来访者：这让我想起小时候会经常和同学掰手腕，我那时特别喜欢和朋友掰手腕，看看谁赢谁输，当然这也没什么，就是游戏。但是赢的时候还是会觉得我的力量够大，虽然我是个女孩子。

带领者：你把这张卡牌和敌对放在了一起。

来访者：说上去是敌对，但其实更多的就是想到小时候掰手腕，比一比谁的力量大，赢了之后显示我还是可以的。

带领者：听起来这没有敌对那么严重，更像是较量。

来访者：对，这种较量是不想被人看到我是不行的，你不了解我的时候，我就会选择较量一下。可能这也是我，我觉得你不了解我的时候你可能不太清楚，所以我不会刻意地去表现什么，我觉得你了解我之后就应该知道我是什么样。通常这个时候我是想证明一下我是可以的。

带领者：所以有时你会通过两个人来较量一下的方式，让对方来了解你。

来访者：这个说的好像真是我没想过的。不会是敌对那样的较量，就是很多人在不了解你的时候，会给你一些评价，这个会让我觉得非常不爽。我觉得好吧，那我们较量一下，我真的需要你看到我，我也不是那么弱。

带领者：好像多少带点不打不相识的色彩。

来访者：对对，所以我看电视剧的时候经常会想，你看他们现在在打，但是过后肯定会特别好，因为只有这样彼此才能更多地了解对方。

带领者：这好像也是你和他人建立关系的一种方式。

来访者：对，不过大部分时间不会。

带领者：你刚才也对这种方式做了一个限定，在别人给你一个评价但你并不认可的时候，你才想要通过这样的方式去证明一下自己并非他所想。

来访者：对，我更多地觉得就是好委屈呀。不了解我怎么就能这样呢。

带领者：当你感觉被人错误地判断时，会觉得委屈。

来访者：委屈，愤怒，我觉得这是我从小就有的，可能和我的原生家庭有关系吧。因为我是家里的老二，上面有姐姐，下面有弟弟，所以我很讨厌你什么都不知道就来批评我。比如说我小时候看到姐姐被人打了就去帮她，回家之后妈妈就打我一顿，打完了之后再问我是什么原因，我也不说。你打都打了还问我干吗呀，所以我从小就是这种性格，受委屈。我觉得只有了解我了才能给我贴个标签，我也很认同，包括夫妻关系也是这样，像是我老公，了解我了再说我的不好，我也可以接受，因为我就是有这个问题。

带领者：我们再来看看第三组卡，你说这是一个人在整理他的花园，他似乎还想要继续做，但是这时候你打破了这个故事，是你想要他停下来，你闯入了他的世界。这好像不太像停止，而是中断，我觉得这挺有意思，你把自己也搅进去了。是不是有什么需要停止，你是因为想要什么停下来。

来访者：可能是最近太累了，我自己也想停下来，让自己休息一下。最近睡眠严重不足，孩子也说我太忙了没时间陪他。我自己也在对自己说，快了快了，过几天就可以休息了。

带领者：另外一部分也很有趣，你说这个人是继续工作下去的。

来访者：这让我想起爸爸妈妈，因为我家有个菜园子，我爸爸总是在干活。有时候我就想要他停下来休息会儿。

带领者：你所希望的停止和他希望的好像不一致。这里好像也有你的部分。

来访者：是，我也有一部分不想停下来，还有想要继续做下去的成分。

带领者：我们再来看看今天的卡牌。第一组你最开始并没有把这张图卡放在这里，后来你抽了新的图卡之后，重新做了匹配。当时有什么原因让你做出了这样的调整？

来访者：之前的图卡让我感觉是两个女人在游戏，身心都比较愉悦。后面这张图卡让我觉得更合适。

带领者：听起来做女人好像没那么愉悦。

来访者：当然，太不容易了。

带领者：我也注意到你在讲述的时候，不是以女人为主题而是以母亲为主题的。你觉得女人和母亲之间有什么关系？

来访者：我觉得女人和母亲的话，正常来说她就是一个人，但是在孩子面前她就是一个母亲。付出的更多，照料孩子更多。如果我不是一个母亲，仅仅就是一个女人，那我享受的就是我自己想要做的事情。作为一个母亲可能牺牲得更多，作为一个独立女人的话，做我自己就可以了。

带领者：我之前也问到是否有人能帮到这位母亲，你觉得是要靠自己。如果对于一个不是母亲的女人来说，她也是这样的吗？

来访者：我觉得不会，孩子会长大，长大之后做母亲的还是可以做回独立的女人。我觉得女人有多种角色，并不只是母亲。

带领者：嗯，这个女人作为母亲的时候需要独自面对抚养孩子的焦虑，当她不作为一个母亲的身份时，她是否也需要独自面对焦虑？

来访者：如果是其他关系的话，我觉得朋友或者爱人都可以帮助她。

带领者：但是作为母亲，会付出更多一点。原来的焦虑对你来说还在吗？

来访者：不在了。

带领者：你是如何消解这些焦虑的？

来访者：我在二十五岁的时候有了孩子，当时我特别焦虑，我觉得我自己还没做好准备。我本来不想要，但是妈妈说有了就要吧，但我自己不知道怎么应对。当时每天都只能睡三四个小时，整个人就被孩子弄得身心疲惫，晚上孩子睡觉之后，我为了缓解我的焦虑还要去洗衣服，虽然老公也让我别洗了，但我就是停不下来，有时会洗到深夜。直到孩子上一年级的时候，我们有很大的冲突。我当时太焦虑，觉得孩子就是我的全部，为了她我连工作都没了，里面有很多自己都抓不住的东西，所以很焦虑。我后来意识到我做错了，因为我把自己的情绪发泄给我最亲的那个人。可能也是因为那段时间，自身有很多问题，比如没有工作了，那时候完全听老公的，也不工作，是一个没有自己的状态。我现在就想独立去做自己的事。

带领者：所以你现在想去翻菜园子了。

来访者：对，之前有位老师也说我，为什么你好像一直在冲，在往前跑，为什么不肯让自己停下来。

带领者：但是我在想，从这个角度来看，你可能更理解为什么爸爸总是在菜园子里待着了。

来访者：对，其实我现在慢慢能理解，大家都不让他干活，但我觉得他可以去做自己喜欢的事情，只要不觉得累，他可以继续干下去。

带领者：你之前用洗衣服来缓解焦虑的时候，应该也不希望别人要你停下来。

来访者：孩子三四岁的时候，我老公也会说你别洗了，明天再洗吧。但是我还是洗，洗完了还要擦地，之后会觉得这一天终于完了。现在想想都快把那段经历给忘了。那时候几乎就是我一个人在照顾家，我现在看到谁怀孕了都会有点恐惧。我一手把孩子带大，六个月的时候我妈妈就回去了，我也没有找保姆，孩子曾经发烧九天，我有好几天都没有合眼，看着她怕把脑子烧坏了。所以我也知道我为什么一直没有安排自己的时间，今天干什么明天干什么，那时候就是觉得不能让自己停下来，只有不停下来……现在好一点，觉得干不完就干不完，明天再说吧。

带领者：之前的卡牌中你说你会和别人较量，证明你自己是可以的，似乎你也在通过刚才你说的这些证明什么。

来访者：是这样的，那时候我妈觉得我肯定自己带不了孩子。我说没有问题，我不仅带得好，还能把家照顾好。当时我爱人也很忙，有时加班到凌晨回来，我还给他做饭，所以我就觉得我可以啊，没有问题啊。好像现在就会变得比以前懒。

带领者：证明之后就不用那么努力了。

来访者：对，当时我嫁给我老公的时候，公公婆婆都不同意。所以那时我也想证明给我公婆看，虽然你们找了一个门不当户不对的儿媳妇，但是我不会比任何人差。所以现在我公婆对我很认可。好像我确实是在做很多事情来证明自己。现在我就懒了，很多事情就不想干了。

带领者：因为所有的一切好像都是为了证明给自己看。

来访者：没错，真是这样的。后来觉得干吗让自己这么累啊，你天天证明给谁看啊，不就是觉得自己不行吗，觉得不行才证明给自己看。这之后对孩子的焦虑也就放下了。

带领者：在刚才我们这组卡牌中谈到的问题还挺多的，既谈到作为女人的感受，也谈到和别人相处中的一些模式，你也想到自己生活中是不是有要停止的地方，你也注意到你还有内在动力想要去做些什么。如果现在有一个机会调整卡牌的匹配，你觉得需要调整吗？

来访者：不需要了。

带领者：今天这组卡牌这样可以吗？

来访者：可以。

卡牌结束后来访者的反馈：就像关于敌对，以前是我完全没想过的。这组卡牌让我觉得很舒服，刚才我差点哭了，让我释放了很多东西。今天我说了很多自己的感受，让我看到了很多自己平时没看到的东西。我觉得您关注到的点非常好，如果您不提的话，可能我自己没注意就过去了。

如果我们在原生家庭的成长过程中缺少了足够的认可与肯定，就难免对自己产生怀疑——我的能力是否足够，我是否能够获得他人的欣赏？这种情绪会让我们在未来的人际关系中一直想要证明自己。在这个案例中，我们可以比较明显地观察到这种模式，当来访者被人误解，感受到别人对自己产生怀疑时，就会启动与人角力来证明自己可以的机制。这种机制在她的生活中广泛存在，在卡牌的进行过程中也多次被反映出来。一种恐惧推动着她不停地工作，害怕一旦停下就有可能丧失自己的位置，这也让她感到缺少他人的帮助并生活在过度劳累的状态中。通过卡牌来发现这种模式，让来访者理解到自己与他人对抗的核心在于想要自我证明，这会帮助来访者对自己更多地接纳，逐渐放松下来，相信自己已经做得足够好。这种对自我的认可会帮助来访者逐渐减轻原本存在的焦虑与恐惧，与周围的人更好地建立关系。

常见问题Q&A：

Q：如果自己来使用个人技术，有哪些要注意的地方？

A：因为在个人技术中，故事是一个非常重要的线索，我建议大家在给自己使用时，最好对自己的故事进行录音。之前也提到过，在讲故事的过程中，我们可能会无意中提及一些信息，这些信息对于理解卡牌故事可能是具有重要意义的。录音能够帮助我们更完整地了解自己讲述的故事内容，以免因为我们主观感觉而导致漏掉信息。

Q：如果在匹配卡牌之后对方讲不出故事，或是只用一句话描述卡牌上的内容，这时候应该怎么继续进行探索工作？

A：在实际的卡牌操作中，确实难免遇到一些来访者因为对卡牌的进行方式不熟悉，或是防御、过分紧张、想象力缺乏等因素而导致无法顺利完成卡牌故事。遇到这样的情况，有两个方法来应对：第一个方法是依靠呈现进行工作，就像之前举过的例子，如果来访者描述的内容是众所周知或卡牌上一眼可见的内容，我们可以把这样的描述当成一种来访者的赘述来进行呈现，根据呈现之后来访者的反应来进行下一步工作。第二个方法是邀请来访者尝试进一步描述卡牌，例如来访者对某张卡牌的描述是看到一个女人，我们可以这样来继续提问："在这张卡牌中，除了你说到的这个女人，你还能看到些什么？"从投射的角度来看，来访者只要能够做出描述，描述中都包含着潜意识的信息，所以即使不能形成故事，来访者对卡牌内容的关注顺序、对卡牌上任何细节的确认都带有来访者的独特投射。因此，只要我们能邀请来访者对卡牌做出更多描述，我们就有更多的信息来进行进一步的呈现和提问。

Q：在个人技术中，匹配的原因和故事要连着讲吗？

A：是的，中间不进行提问。这主要是为了不中断来访者的思路，同时我们可以观察匹配原因与故事之间存在的差别。在很多来访者的叙述中，匹配原因与故事之间会出现一些差别，甚至有可能故事与匹配原因在逻辑上矛盾。这种差别可以作为带领者呈现的内容反馈给来访者，以促进来访者的觉察。如果我们在匹配原因和故事之间进行工作，有可能让来访者对匹配原因产生比较固化的印象，从而改变讲述故事时的自然呈现，这对于我们的工作是不利的。

Q：好像在个人技术的一些情境中，来访者讲述的是完全独立的三个故事，这样的故事可能会有一些内在的连接吗？

A：会，在我的经验中，来访者的故事常常是有一些内在联系的。这可能是因为我们的认知具备整体性的特点，在一定程度上把三组卡牌也视作一个整体。但是这之中的内在联系可能是隐含的，需要我们在故事中找到确实的线索才有可能被来访者意识到。

Q：如果我们在卡牌上发现了一些问题或是信息，后续可以再继续讨论这组卡牌吗？

A：卡牌的投射是比较即时的，现在做的卡牌反映着来访者当下的一些情绪感受，如果相隔一段时间，这种感受可能会发生变化，所以不建议对之前的卡牌进行复盘。但是在过程中发现的一些信息，可以继续讨论，也可以再尝试做一组新的卡牌来进行探索。

Q：为什么在不定向探索技术中要使用三对卡？是否可以使用两对卡、四对卡？

A：OH卡牌的使用是非常灵活的，只要能够起到探索作用，其实用几张卡并不重要。我们在建议的使用方式中采取三对卡的方式，其原因在于三对卡的组合要比两对卡丰富，使用两对卡意味着一张图卡在匹配字卡时只有两个选择，非此即彼。而三对卡的组合已经有了足够多的匹配方式，这样来访者就有更多的选择权，避免了两对卡带来的强制匹配问题。使用四对卡其实也并无不可，只是这会进一步增大卡牌中的信息量，完成卡牌探索的时间也会相应增加。一般来说，三对卡的组合呈现的信息已经基本够用，所以我们大多采用这个方式。

Q：之前讲卡牌使用原则时，提到过资源—问题平衡的取向，我在实际操作中发现，问题比较容易看到，但是不知道怎么给资源。有哪些练习能帮助我们寻找卡牌中的资源吗？

A：之前在团体技术部分中，我们介绍过"礼物"的使用方式。这个方式其实需要我们在卡牌上找到资源，并把这个资源讲述给他人作为礼物。作为带领者的一种练习，我们可以试着随意抽取字卡或者图卡，不管我们抽到什么样的卡，是否都能找到一个方式把它作为一种资源来送给他人？举例来说，如果你抽到"同性恋"这张字卡，你会如何把它作为一个礼物送给某个人呢？

这个使用练习主要是帮助我们打开思路，从更多的角度去观察和理解卡牌，并从中寻找资源。在这个练习中，我们可以借助"喜欢或不喜欢"练习中转换卡牌思路的方法，去寻找问题的另外一面。因为问题和资源其实没有明确的界限，在一些特定情境下的问题，可能换一个情景就会成为某种资源。简单来说，如果字卡是"失败"，那么我们可能有机会从失败中进行学习，从而获取经验。这种学习的态度以及获得的经验就可以视作资源。

Q：卡牌的个人技术探索大概一次需要多久时间？

A：从我的使用经验上来看，一般个人技术探索大概需要的时间在四十分钟到一个半小时左右，根据来访者的具体情况可能有所不同。

Q：我是一个卡牌初学者，在使用个体技术进行探索时，常常十分钟或者二十分钟就结束了，这是我技术不成熟的原因吗？

A：这种情况不可一概而论，对于一些直觉很强又有足够觉察能力的来访者而言，可能在他讲故事的时候已经知道了自己想要表达的内容和问题所在。对于这些来访者而言，带领者能起到的作用可能并不多。因此，如果来访者已经完成了自己想要完成的工作，卡牌可以在这时候结束。这并不一定说明带领者的能力不足。

当然也有另外一种情况，作为新手带领者，对于故事的呈现和提问还不熟练，所以在卡牌进行的过程中，漏掉了一些问题，导致探索过程很快结束。我的建议是，在能够熟练地综合使用各种技术之前，我们最好按照前面给出的提问技术，尽可能地把我们可以提出的问题提完，并对来访者给出的回答做出呈现，这样的话，有时我们可能有意想不到的发现，让探索不断深入下去。

Q：我发现我很难控制卡牌进行的时间，有时来访者滔滔不绝，讲了很多自己生活上的事，卡牌工作的时间甚至达到了三个小时，但我又觉得很多时间并没有集中在卡牌上面，而是说了很多无关紧要的内容，我应该怎么办？

A：这是新手带领者比较常见的问题，造成这样的情况大概有两个原因。一个原因是我们在卡牌本身的内容上工作得不够。当来访者的叙述已经与卡牌的故事关联不大时，我们应该尝试重新关联来访者的叙述与卡牌的关系，这一部分在前面的内容中已经讲到。第二个原因是很多新手带领者不太了解如何结束一组卡牌的探索，之前我们以个人不定向探索技术为例，讲到卡牌的使用过程可以分为规范技术部分、提问与呈现部分、反馈部分三个阶段，一般来说，在我们对整个过程做出总结和反馈后，来访者比较容易接受卡牌工作到此结束。但也有一部分来访者对反馈的内容产生了新的想法，从而在之前探索的内容上继续进行表达。这时候带领者如果想要结束卡牌的探索，可以只对来访者表述的内容做出呈现，然后再次进行总结式的反馈，不再提出任何问题或主动发起探索，来访者发现没有新的内容，一般会接受卡牌探索的结束。

第五章

克服卡

克服卡的来源及使用目的

克服卡是由OH卡牌创始人莫里茨·埃格特迈尔邀请国际著名的创伤性治疗师奥芙拉·阿亚隆博士进行指导，由苏联画家玛丽娜·路克亚诺瓦所绘。克服卡被创造的目的是为了能够让人借助这个工具来克服内在的创伤。

每个人在生活中都面临着各种各样的创伤与挑战，这其中包括丧失的痛苦，如亲人离世、恋人分离、身体机能的受损；灾难性的事件，如地震、战争、火灾等；现实生活中的困难，如贫穷、事业上遭遇的挫折、疾病、人际关系冲突等。我们需要穿越的，或许不仅仅是这些困难本身，还包括了我们在面对这些困难时及事件过后的种种心理反应。在这个过程中，我们可能会犹豫、悲伤、愤怒、变得有攻击性，从而使我们的生活发生种种改变。在使用克服卡的过程中，我们重新面对和审视这些内在的创伤体验，表达对于未来的期待，发展属于个人的问题解决方式。借助图卡，我们有机会在潜意识层面觉察创伤的存在，并创造性地寻找应对的方案。

从克服卡的卡牌图案中我们能够感觉到，这八十八张卡牌中包括了一些重要的创伤性事件，例如战争、地震、火灾、海难等，也有一些比较常见的困境，如纠缠的绳结、迷宫等。与这些创伤相对应，一些图卡展示了在遇到这些情况之后人的反应，通过对身体的扭曲、表情和肢体语言，来呈现创伤后人的状态。而另一些图卡则像是寻求解决与治愈，如伸出的手、思考的人、孩子的笑脸、美丽的风景等。

在卡牌的图案中，有两幅图引起了我的注意，一张是看起来有些抽象的图卡，在看到它时，就让我想起了毕加索的名画《格尔尼卡》。图中抽象呈现出的仿佛在嘶鸣的马与《格尔尼卡》画面中央的马十分相似。《格尔尼卡》是表现1937年德军轰炸西班牙小城格尔尼卡的场景，通过超现实主义的手法，表现痛苦、受难和兽性。或许正是借由这种意象，这张卡关联着惊恐的情绪、痛苦的感受与战争的创伤。下面是图卡：

第二张卡牌的发现出于偶然，有人会把它解释为孩子的游戏，但更多人觉得这似乎是孩子在受到威胁后的举手投降。在偶然一次我查找资料时，看到第二次世界大战期间德军在华沙抓捕犹太人的照片，

让我想起了这张卡牌。下面是卡牌：

在新闻照片中，无辜的孩童在战争中惊慌失措，也反映着战争带给人类的苦难与心灵冲击。在之前我听到的一个故事中，虽然这个孩子也是在玩游戏，但故事非常像影片《美丽人生》的情节——孩子的父亲通过善意的谎言欺骗孩子，让孩子认为纳粹集中营只是为他生日准备的一场游戏。残酷的现实在父亲的美丽谎言中变得温情，直到最终，孩子在将要被处决的父亲脸上，看到的仍是嬉笑的神情。孩子在危难中得以存活，他一直觉得那场战争只是一场"游戏"。外界事件带来的巨大创痛与人内心的温情与善良形成对比，或许我们能从中看到人在面对危难时受到的心灵指引，从而寻找到克服我们问题的道路。

一

克服卡的隐含原则与克服渠道

克服卡的隐含原则

1.正常化

任何人都可能随时需要面对困境和创伤，就像人们常说的，我们不知道意外和明天哪个会先到来。在这样的压力情景下，我们把对于创伤的任何反应都视作对抗逆境的正常反应。这种反应在每个人身上都是独一无二的，我们尊重这种反应的呈现。接纳来访者的这种反应并将它视作正常是很重要的，这会让来访者感觉到自己的反应并没有受到指责，也不用担心因为这样的反应而在人群中变得特殊。比如我们面对一个失恋的情境时，来访者可能因为自己无法摆脱失恋的痛苦而感到苦恼和自责，甚至会因为觉得"周围的人失恋都没有像我这样，是我自己太脆弱了"而自我否定。这种情绪并不会帮助他更好地面对失恋的创伤，反而会让他陷入更痛苦和焦虑的情绪中去。如果带领者能够接纳来访者的痛苦和行为反应，比如说哭泣、酗酒、自我伤害，并有机会让来访者了解到这些反应于他而言可能是度过这个阶段需要经过的历程，他人可能也会有类似的反应，但是因为每个人都有独特的体验从而产生不同的应对方式和表现，来访者就可能会减少沉浸于自我攻击的情绪。在这个基础上，我们有机会和来访者一起，把注意力更多集中在如何解决当前的情境上来，而不是一直注意事件所带来的负面效应。

2.精通它

现实的困境和突如其来的创伤往往让人感觉很无助，但回避痛苦并不是解决创伤的方案。看到自己所面对的困境并从中学习，能让我们在创伤中得以成长，并掌握克服它的方案。经验过某种创伤也会帮助我们更好地面对它，从而成为我们的一种财富。在汶川地震时，唐山的救援队第一时间赶到地震灾区。对于唐山人来讲，地震是一个没有办法回避的创伤，但正因为唐山人经历过1976年唐山大地震，他们更清楚如何面对地震带来的恐惧，应对家人离去带来的巨大创伤，也知道如何有效地进行救援。他们了解这种痛苦，也知道如何去更好地面对并解决这些痛苦。

3.表达和分享

孤独只存在于孤独之中，一旦分担，它就蒸发了。

——欧文·亚隆《当尼采哭泣》

当我们把自己的困境或对于困境的感受表达出来，我们的焦虑能够得以释放，也有机会寻求到理解和支持。如果我们将创伤变成隐喻，从而形成自己的故事，也有机会从这个故事中去学习和觉察。在克服卡的使用中，带领者帮助来访者表达自己的感受，用故事的方式来处理意向，通过互动来探讨问题的解决方案，这些方式为来访者提供新的观念，并开发出一些潜藏的能力。

4.发展出个人的治疗理论

克服卡的故事帮助我们把自己面对的困难或者创伤通过比喻性的故事显露出来,这让我们能够更好地了解发生的情况,并从中寻找改变的契机。它不仅能够帮助我们应对发生在过去的事情,还可以培养对未来的乐观和信心。就像我们每个人对于创伤的反应独一无二般,我们每个人也会有各自不同的解决方案,通过克服卡我们需要去探索那个方案,并且通过自己独特的方法来解决自己的困难。专属于个人的治疗方式是最终的目标,它是最为适合这个个体的独特解决方式,并最终形成一种当个体遇到困难时可以主动自发地来使用并确实有效的一整套解决方案。

克服意味着去面对那些困难、灾难和创伤,去跟它们争斗,并希望能够得到胜利。人们常常倾向于将那些超出我们控制的灾难、困难或是创伤看作命运的安排,但是把自己交由命运或抱怨上天的不公并不能帮助我们摆脱困难,反而容易让我们陷入更悲观消极的情绪中去。我们相信我们都具备着一些克服的能力,不论发生什么样的事件,如何处理和应对这个事件的权利其实掌握在自己手中。在克服卡的设计中,用一系列与手有关的卡牌来代表着我们在遇到困难时常常使用的几个基本的克服渠道。这些渠道包括了:

(B) Belief 信念可以是一种信仰,是对于更大存在的信心。它也可以是对超自然力量的信心、对其他人的信任,或是信任自己。信念系统为我们保有信心和希望,在困难的时刻给我们面对问题的勇气。

(A) Affect 情感是人内心深处重要的力量:情感是一种内在的介质,抑或意识的感性表达。情感让我们得以用心来体验这个世界,并与他人建立起联系。通过辨认出我们的情感并将这些情感用话语或非语言的方式表达出来能够帮助我们应对创伤。肢体语言、舞蹈、绘画、音乐等方式都有助于我们表达这些情感。

（S）Social 通过与其他人的互动寻求社会中的克服技巧，这种互动包括支持别人和被支持。这些支持可以来自家人或朋友，也可以是专业的帮助者，比如说心理咨询师。当我们学会这种技巧，我们就有机会更多地和周围的人进行互动，无论对方是熟悉还是陌生的。

（I）Imagination 在我们的原有经验和支持体系无法克服眼前的困难时，我们需要创造一种新的解决方案来应对它。想象力是创造的核心，它帮助我们通过想象、梦境、直觉来寻找新的解决方案。

（C）Cognitive 以认知的方式来克服需要靠逻辑思考和理性能力来评估危险，来学习和预先计划，并寻求新的策略，分析和解决问题。

（Ph）Physical 身体的克服涉及感官：我们所听到的、看到的、闻到的或尝到的，等等。它也许会有身体感觉的改变，比方说喉咙或肚子的收缩、心跳、体温的改变，也可能是动作的改变，比方说使用力量，做一些体力工作，克服身体的困难，或是跟自然互动。

为了便于记忆，我们把这些克服渠道的首字母连在一起形成BASICPh。在我们遇到问题或是创伤时，常常会使用多种克服渠道的组合来帮助我们战胜困难，超越创伤。我们用李安导演执导的电影《少年派的奇幻漂流》来举个例子，看看少年派在海难中是如何综合运用多种克服渠道来战胜他的困境的：

少年派是一个生于印度并且同时信仰基督教、伊斯兰教和印度教的少年，因为一些原因，派告别了他的情人，和他的家人迁往加拿大。由于派的父亲经营动物园，所以动物园的动物也与派同船。但是在航行途中一场凶猛的风暴导致了轮船沉没，除了少年派侥幸逃上救生艇，其他人都未能幸存。不过巧合的是，与派一起逃上救生艇的还有一条鬣狗、一匹断了一条腿的斑马、一只母猩猩，以及一只成年孟加拉虎"理查德·帕克"。

很快，鬣狗咬死了猩猩和斑马，老虎又杀死了鬣狗。小小的救生艇上只剩下十七岁的少年派和孟加拉虎。在接下来的7个月中，派需要收集淡水、寻找食物、对抗鲨鱼和变幻莫测的自然环境。派不仅仅要在这些困难中让自己活下来，还要想办法给老虎提供足够的食物以避免老虎因为饥饿吃掉自己。经历了一系列的磨难，在食物耗尽，一人一虎濒临绝望边缘的时候，他们随着小船漂到了一座天堂般的岛屿。派和老虎在岛上获得了食物，但到了夜间，派发现这是一个吞噬生命的岛屿。派和老虎不得不离开，再次开始漂流。最终派在墨西哥的海滩上获救，而伴随他的老虎却头也不回地消失了。

这个故事中我们首先看到派是一个有信仰（Belief）的人。虽然他的信仰有些驳杂，但信仰仍能够给予派精神上的力量。在电影中有一个情节，派在海上好不容易捕到鱼，但派其实是一个素食者，派感谢湿婆神化身为鱼拯救他的饥饿。在这个时刻，派既从信仰中获得了生存的希望，也通过这个方式消解了对食物的挑剔。这让派得以渡过食物短缺的艰难时期。

派在漂流的过程中也想念自己的家人，在幻觉中，他仿佛看到海底的沉船，也看到自己恋人的幻影（Imagination）。这都是情感（Affect）的成分。这些情感帮助派继续选择面对他的苦难。

在社会的技巧（Social）层面，虽然派的周围没有人，但是孟加拉虎理查德·帕克充当了社会支持的角色。如果没有理查德·帕克，派可能被鬣狗吃掉。在后续的旅程中，老虎作为一个威胁，在一定程度上也激发了派的能量，这支撑着派在严苛的环境中存活下来。另一方面，老虎和派也有一些互动，在遇到挑战时，一人一虎也是互相帮助的，在相互竞争之余也有温情（Affect）的一面。

十七岁的少年是如何掌握海难求生的知识呢？只依靠精神的力量和社会的支持并不足以让派在长时间的漂流中得以生存。在救生艇上，派找到了一本海难求生手册，依靠这本手册的指导，派得以学习如何利用身边有限的资源求生，并尝试与凶猛的老虎共处。这就反映了认知技巧（Cognitive）在人面对困难时可以发挥的作用。

最终派得以获救，也要依赖于他的身体条件。在极端严苛的环境下，派动用了自己身体的全部能力，体能、反应、耐力，等等。这些基本的身体条件（Physical）保证了派能够存活直至最终被拯救。

通过这个例子我们可以看到，这六个克服渠道都是我们在面对问题时常用的解决方案。这些方式包含在我们面对困难所做的行动之中。在使用克服卡时，我们也可以去寻找和发现来访者应用了哪些渠道来应对他的困难，如果还有他没有使用的克服渠道，我们也可以提醒他尝试去关注这些渠道，以带来新的应对方案。

注：本节部分内容参考《克服卡使用手册》

前导工作——克服卡的卡牌分组

在使用克服卡之前,我们可以按照自己的方式将卡牌分成四组,这四组卡是:

1.事件

2.创伤性的反应

3.克服的技巧

4.治疗

之前我们在讲投射的时候提到过,投射反映着我们内心的感受,而且这种感受往往是近期或者当下更为重要的主题。因此我们每次对克服卡进行分组的时候,可能会出现不同的结果。这说明着我们内心的投射会随着环境、时间而发生变化。如果你尝试做这个分组的工作,可以试着把你分组的结果记录下来,尤其是第一次完成这个工作时,结果有时能够帮助我们对自己有一些了解和发现。

1.事件:一个情境或是事件,它引发困难的情境、内心的波动或

是创伤性的体验。你认为情景是创伤事件的卡牌有＿＿＿张

2.创伤性的反应：面对事件我们会做出的反应，或对事件的情绪体验有＿＿＿张

3.克服的技巧：我们有哪些资源可以帮助我们在困难的情境下达成克服，或一些外界的帮助有可能被我们利用而解决问题，有＿＿＿张

4.治疗：治愈创伤的情景有＿＿＿张

分组张数的意义：

在这里强调，克服卡的分组没有确定的意义，也不存在好坏，无论我们如何分组，都反映着我们每个人独特的感受和应对方式。无论我们看到他人如何分组，我们都不加以评判，即使他的分组和解释与我们大相径庭。这里要讲的，是我们对分组的结果加以呈现，以推动我们在其中觉察自己的特点。

1.事件卡较多（这里指的较多，是指某一组卡牌的数目比第二多的卡组超出十张以上，下同）：分组中事件卡较多意味着有很多情境能够触发你对创伤的感受，这些图可能让你想起过去的经历，或者让你觉得这是自己不太能处理好的，有可能带来问题的情境。这组卡较多可能意味着你有过多的经历，也可能意味着你相较于其他人而言更为敏感或容易不安。

2.反应卡较多：反应卡意味着我们对于事件会做出的反应，无论是行为上的还是情绪上的。这组卡牌较多可能意味着我们对于事件可能会比较敏感，一个事件可能引发更为复杂的情绪和行为反应。

3.技巧卡较多：技巧卡意味着我们可以认知到的解决问题的资源。这组卡较多意味着我们可能有比较多的方式来处理问题和应对创

伤。技巧卡多的来访者有时会偏理性，因为他能够更全面和逻辑性地看待发生的情况，并多方面地寻找资源。当然，随着人的心理成熟，他会知道问题不止一种解决方案，也会在经历中学习到更多的处理方式。

4.治疗卡较多：对大部分人来说，治疗卡常常是比较温暖平和的情境，这种情境让我们有一个良好的感受，可能帮助我们抚平创伤。当然也有比较特殊的情况，就是反向治疗，比如说，一个看起来很糟糕的情境被放在治疗卡组中，来访者解释可能是痛苦会帮助人觉醒。这组卡较多可能意味着我们能在更多场景中获得治疗和资源，有更多的机会去修复创伤。当然，这些治疗有可能是存在于想象中的，不见得一定能够在现实中起到作用。

分组的两点关系

这里我们讲的是两个分组之间的关系，它也可能反映着我们的一些特质。

1.事件组多反应组少：在分组中出现事件组卡牌较多，但是反应组卡牌较少，这可能意味着我们对于事件的反应比较单一。比如说，对于数个事件我们的反应都是悲伤或者愤怒，这可能意味着这些情绪是我们比较固着的情绪体验，这种体验比较频繁也比较强烈，让我们不太容易产生更多更复杂的情绪反应。在事件发生时，我们首先体验到这个情绪，这可能来源于我们过去的某个情结。

我们可以通过这样的方式来给他人呈现这个状态：我注意到你在事件卡组的卡牌很多，似乎很多情境都能让你产生感觉，而反应组的卡牌比较少，好像在这么多的事情面前，你的反应都倾向于这几种。

2.反应组多事件组少：这可能意味着我们内心的体验很丰富，对于相同的事件可能会引发不同的反应，或是非常复杂的内心体验。我们可能沉浸在这些情绪体验中，甚至有可能因为情绪太过于复杂和冲突导致不知道如何行动。可能有些时候我们需要整理自己的内心体验，并且尝试在复杂情绪中寻找到自己倾向的解决方式。

3.技巧组多治疗组少：在面对问题时，我们可能想到了很多方式来处理和解决，但我们处理和解决问题的目标可能指向的是类似的感受或者状态。比如说，我们通过种种办法，都是为了让自己的内心达到平静。也有另外一种可能，就是我们的应对技巧是想象出来的，它们可能有些作用，但不一定能够最终达成治疗。

4.治疗组多技巧组少：或许很多情境都能唤起我们良好的体验，但有时候缺乏技巧的话，我们并不清楚如何来达成这种状态。这就像是一个在工作中压力很大的人觉得田园生活很不错，但是并不知道自己如何真的开始田园生活。当然也有另外一种可能，就是虽然技巧不多，但是非常有效，这几种方式能够帮助我们有效地达成治疗，恢复良好的状态。

克服卡技术——英雄之旅

英雄之旅的起源和背景：

在约瑟夫·坎贝尔（Joseph Campbell）的著作《*The Hero with a Thousand Faces*》（中文译名：《千面英雄》）中对于自古以来的叙事方法进行了总结，并且通过命名、组织、规范化、结构化，形成了一套系统化的理论。英雄之旅就是从这样的一个系统中产生出来的。其实这并非约瑟夫·坎贝尔的创造，而是在跨文化背景下，世界各地的人都在无意识地使用这种方式来陈述故事。受到这本书影响最大的大概是电影界，在好莱坞，很多编剧和导演都把这本书中的"英雄之旅理论"（Hero's Journey）作为一个重要的指导工具。

约瑟夫·坎贝尔对英雄之旅的总结分为十二个组成部分（下文中简称十二步英雄之旅）：

1. 普通的世界（Ordinary World）
2. 冒险的召唤（Call to Adventure）
3. 对召唤的拒绝，或者说是抵触（Refusal of the Call）

4. 与智者的相遇（Meeting with the Mentor）

5. 穿越第一个阈限（Crossing the First Threshold）

6. 测试、盟友、敌人（Tests, Allies, Enemies）

7. 接近深层的洞穴（Approach to the Inmost Cave）

8. 严峻的考验（Ordeal）

9. 得到嘉奖（Reward）

10. 回去的路（The Road Back）

11. 复活（Resurrection）

12. 满载而归（Return with the Elixir）

  英雄从日常生活的世界中出发，冒种种危险，进入一个超自然的神奇领域；在那神奇的领域中，与各种难以置信的有威力的超自然体相遇，并且取得决定性的胜利；于是英雄完成那神秘的冒险，带着能为他的同类造福的力量归来。

——约瑟夫·坎贝尔《千面英雄》

  在好莱坞的众多商业大片中，基本都是有这样一个英雄之旅的内在线索。尤其是近些年来漫威的超级英雄电影，我们都不难从中看到英雄之旅的影子。我们拿电影《蜘蛛侠》来举个例子：

  在影片中，彼得最开始是一个普通人的形象，不知道如何和喜欢的女孩相处，工作中总是出现这样那样的问题，生活并不如意，这时他正处于普通的世界（Ordinary World）中。

  在一次意外的情况下，他被蜘蛛咬伤，并且莫名获得了超能力，这意味着冒险的召唤（Call to Adventure）。彼得已经具备了探索新世界的能力，但他还不知道如何使用这种能力。

不久他出现在电视转播的摔跤比赛场上，用自己获得的能力打败了强悍的对手。但主办人拒绝发给彼得奖金，理由是他赢得太快了，彼得因此怀恨在心。没想到天赐良机，彼得正好撞上从那个主办人办公室里逃出来的窃贼，为报复主办人他放过了窃贼。

> 全世界的神话和民间故事使我们看清，拒绝召唤，实质上是拒绝放弃自己认为是个人利益的东西。
>
> ——约瑟夫·坎贝尔《千面英雄》

在这个部分中，彼得把自己的能力运用在为自己获取利益上，因为没有达成自己期待的目标，他本有能力阻止窃贼但放弃了，用这样的方式，他试图报复比赛的主办人。这仍是一个普通人的做法，彼得并未因为自己具备了超过常人的能力而放弃自己的个人利益。这个过程可以视作对召唤的拒绝（Refusal of the Call）。

由于彼得的自私，他因此付出了沉重的代价——这个窃贼杀害了他的叔叔。彼得给了那个窃贼应有的惩罚，但他深受悔恨的折磨。

他恨自己没有早日行侠仗义，并在悔恨中想起了叔叔跟他说过的一句话："力量越大，那你的责任也就越大。"我们可以注意到，在蜘蛛侠系列的电影中，彼得的叔叔和婶婶是作为智者出现的。叔叔的教导让彼得最终选择成为一个英雄来打击犯罪，找到了运用自己能力的最佳途径。而婶婶则在叔叔意外身亡之后，教会彼得如何面对创伤，并在彼得最需要帮助的时刻给予他心灵的指引和照顾。这两个角色代表着彼得在英雄的旅程中与智者的相遇（Meeting with the

Mentor）。彼得将这句话铭记在心，他感悟到平常人与英雄之间仅有一线之隔，他决定跨越这条线，与犯罪展开斗争。由此，彼得成为蜘蛛侠，他跨越了第一个阈限（Crossing the First Threshold）。

彼得好友哈里的父亲因为自己内心深处的野心而成为绿魔。彼得倾心的姑娘玛丽几次差点成为绿魔的牺牲品。在这个过程中，彼得需要知道谁需要被保护，而谁是自己的敌人（Tests, Allies, Enemies）。

婶婶受到绿魔的攻击让彼得非常愤怒，他料想到与绿魔之间必有一场决战（Approach to the Inmost Cave）。

绿魔劫持玛丽做人质，要挟蜘蛛侠，决战来临。彼得需要打败绿魔，救出玛丽，过程十分惊险，这是严峻的考验（Ordeal）。

在经历发生的一切之后，玛丽终于明白自己的真爱并不是蜘蛛侠而是现实生活中的彼得。彼得的努力得到了嘉奖（Reward）。

在克服卡的使用过程中，奥芙拉·阿亚隆博士对英雄之旅做出一定的精简，变成简洁有效的六个步骤：

第一张卡牌代表一位男性或女性的英雄被介绍出来
第二张卡牌代表英雄因为一个使命或者任务离开他的家乡
第三张卡牌代表英雄遇到帮助者
第四张卡牌代表英雄遇到了困难
第五张卡牌代表英雄解决了问题或克服了困难
第六张卡牌代表故事就这样结束

这个使用方式和之前的十二步英雄之旅相比似乎有些变化，但其实它并不影响故事的基本结构，而且更适于利用克服卡来进行工作。按照这个英雄之旅的框架，我们仍然能跨文化地解析中外的神话和民间故事。我们拿东西方的两个不同的故事来感受一下。

《西游记》是大家都非常熟悉的故事，在这个故事中，唐僧作为英雄来登场。（在《西游记》的故事结构上，我们也可以把孙悟空视作主要英雄，但这不影响英雄之旅的过程，我们在这里以西游的目的为主要目标，所以唐僧作为英雄出场。）唐僧的使命是去西天取得真经。在取经的旅程中，唐僧遇到了他的徒弟们，这些徒弟成为唐僧的帮助者。唐僧一路上都遭受各种磨难，很多妖怪想要吃掉他。唐僧和他的帮助者们克服了这些困难。故事以唐僧最后取得真经结束。

我们再来看看西方的故事《绿野仙踪》。在这个故事中，桃乐丝作为英雄出场。因为被龙卷风卷走，桃乐丝离开了家乡，她的任务是寻找回家的方法。桃乐丝结识了没有头脑的稻草人、缺少心脏的铁皮人和寻找勇气与胆量的狮子，他们决定结伴踏上旅程。桃乐丝遇到的困难是旅途中女巫的阻挠，冲破重重阻碍她最终克服了困难，故事以桃乐丝回到家人的身边结束。

在这两个故事中，我们看到无论是东方还是西方，在讲述故事的时候都在使用大致相同的模式。而且很有趣的是，在英雄的旅程当中，帮助者是先于困难出现的。曾有不少学员问到我，为什么帮助者不是出现在困难发生之后，而是出现在困难发生之前，这样会不会导致帮助者失去作用——如果我们还没有发现具体的困难。其实我们不难看到，无论是在十二步还是六步的英雄之旅中，帮助者都出现在最重要的困难之前。（在十二步英雄之旅中，智者和盟友可以视作帮助者，他们都出现在严峻的考验之前。）其实这个问题并不难理解，帮助者的提前出现有几个重要的原因：第一，英雄最终克服困难不能完全依靠帮助者的帮助，作为英雄，他必须自己战胜最重要的困难；第二，帮助者有可能不是直接对英雄如何面对困难起到帮助作用，而是为英雄提供指导、训练和保护，很多英雄受到智者的引导，在智者那里学习和训练，从而具备了完成英雄之旅的技能；第三，往往在我们遇到困难的情境时，帮助者不会凭空出现，作为伙伴或是盟友，他们需要和英雄建立一定的信任和情感的连接，否则很难真正起到作用。

为什么使用英雄之旅？

世界各地的人们从古至今都使用这样的结构来讲英雄之旅的故事或许并非单纯的巧合。这表明在全球各地，人们在遇到问题时会有类似的解决取向。可以说，英雄之旅的过程是人类的集体潜意识中早已写就的，在这个旅程中，英雄从平凡走向不凡，经历过内心的纠结和犹豫，获得了帮助和指导，战胜困难并最终获得奖赏。这个过程其实是一个自我成长和克服的过程，我们的内心拥有着智慧，在困难的情境面前，这种智慧帮助我们发现并战胜自我，最终成为自己的英雄。或许我们并不像故事或电影中一般满载而归，但是通过克服的过程，我们能够面对新的挑战，体验新的情感，并成为新的自己，这就会让我们感到满足。

英雄之旅是克服卡的个人技术中我最喜欢使用的，首先我们会有一个更丰富和有趣的故事，六张卡牌能够呈现出更完整的故事结构；其次，在英雄之旅的技术中，我们预先使用了一个基本的暗示——故事的主人公是一位英雄，而且他必将克服困难并完成他的使命。我们知道，在讲述故事的过程中，来访者大都会把自己的情况和特质投射给故事中的英雄，这意味着来访者在一定程度上认可了自身作为克服者的身份。英雄身份的正面暗示与故事相结合，能够帮助来访者暂时忽略自身的不足和现实困难的影响，以故事主人公的身份，探索对自身问题创造性的解决方案，或更好地面对现实。

基本操作流程

1.请来访者洗牌。

2.让来访者从洗好的卡牌中抽出六张卡。

英雄之旅是否可以通过挑选卡牌的方式进行呢？挑选出来的卡牌是不是更能准确地代表来访者的直感？挑选卡牌来进行也并无不可，但是从八十八张克服卡中挑选出有感觉的卡牌会相当费时，所以建议在一般情境下，抽取卡牌即可。而且抽取卡牌的方式，有时候更容易带来意外的触动。

3.让来访者观察卡牌，并按照英雄之旅的故事流程对卡牌进行排序。

对于第一次使用英雄之旅技术的来访者而言，可能记不住故事的六步都有哪些，在排序过程中，带领者可以做出引导：

请在六张卡牌中选出一张代表英雄。

选出第二张卡牌代表这位英雄因为某种使命或是任务离开了他的家乡。

选出第三张卡牌代表英雄遇到了一位帮助者。

选出第四张卡牌代表英雄在旅程中遇到的困难。

选出第五张卡牌代表英雄如何克服困难。

选出第六张卡牌代表英雄的旅程就这样结束。

4.来访者完成排序后，邀请他根据他的排序讲述一个英雄之旅的故事。

标准化问题：

第一张卡牌　英雄卡

1.英雄的生活状态如何？

英雄所生活的世界。在很多故事中，英雄在出场的时候还没有成为真正的英雄，他常常只是英雄的雏形。这时候英雄还处于一个普通的世界，和即将到来的有风险的世界非常不同。在一些故事里，英雄是幸福地生活在父母身边的孩童，他可能具备了一些能力或者新奇的想法，但这还都没有发展出来。

当然，也有一部分故事在一开始英雄已经具备了英雄的身份。也就是说，他已经获得了承认，也经历过一些事情。

2.英雄具备着哪些特质？

英雄的特质让英雄和普通人相区别。他具备着一些其他人所不具备或比其他人更强的特质。这种特质会帮助一个人成为英雄，完成他的旅程。我们知道，来访者在这里描述出的特质是他投射给卡牌中的英雄的，也就是说，这些特质可能有一部分在来访者身上具备，也可能还有一部分是来访者对自己的理想化。问这个问题，意味着我们要看看，来访者的潜意识会赋予这个英雄什么样的能力，这也是直觉中解决问题的自身资源。当然，其中来访者自己并不具备的那些能力，需要我们通过呈现的方式反馈给来访者，让他有机会觉察自己能力的不足，并且针对性地补足这部分。

3.英雄的特质会在未来的旅程中帮助到他吗？

英雄的特质并不一定都有利于他的旅程，甚至有些故事里英雄是很悲惨的。他们虽然具备一些能力，但这个能力看起来似乎没有什么用。我们使用这个问题，让来访者重新思考英雄身上的特质对英雄的意义，看看哪些特质能够帮助来访者也就是英雄来处理和解决后续的问题。有时候那些看起来没有什么用的特质反而对于英雄是很重要的。

第二张卡牌　任务卡/使命卡

1.探索英雄的使命或者任务，尽量具体。

英雄需要一个使命或是任务去完成，这是英雄离开普通的世界，进入到冒险旅程的原因。在实际的故事中，这个使命或任务可能呈现多种形态。有的人是为了帮助他人，有的人是为了探索世界，也有些人是为了让自己获得成长。这个任务往往与来访者现实的世界相联系，如果我们能够比较好地探索这个任务，我们就有可能把卡牌与来访者的现实世界进行连接。

当然也有一些相对而言特殊的情况，英雄的使命或者任务并不来自自身的意愿。比如在一些故事中，英雄是受到他人的指派要去完成一个任务或者目标。另外在有的故事中，英雄并不愿意主动地离开家乡，是被父母赶出门，被迫独立生活。

在这样的情况中，往往英雄的使命可能并非来访者的真实使命，可以说，这是一个"假目标"。在这一类故事中，英雄的使命常常最后会和故事的结局脱节。在一次英雄之旅的个案中，来访者讲述他的任务是受到公司的指派，要去寻找一批失踪的孩子。在后续的旅程中，英雄遇到的困难并非直接与任务相关，而是需要在这个过程中寻找一些能够和英雄建立好关系的朋友。寻找孩子的任务似乎很轻易地被完成，而寻找朋友则成为故事的重点。这意味着最开始英雄接受的被指派的任务并非他的真实意愿，他内心的渴望是寻求和志同道合的人的连接。

2.英雄决定接受任务或完成使命的动机是什么？

英雄并不是天生就具备使命和目标的。就像在十二步英雄之旅中有英雄对冒险的抵触一般，在英雄之旅的故事中，英雄也不一定会很愉快地接受自己的使命。他们常常是迫不得已，或者在这个使命背后，有一个非常强大的动机。

在不少英雄之旅的故事里，英雄是一个家乡被破坏、无法继续原本平静生活的孩子。在现实中，这可能意味着来访者原本的生活环境或者心理状态被外界的事件所打破，来访者不得不面对现实的困难。但是即便现实的困难已经出现，由于每个人身上都存在惰性，或者恐惧，我们还是有可能会抗拒面对它。我们预先赋予这个故事主人公英雄的身份，也是帮助来访者在问题面前不选择轻易逃避。如果来访者不是选择逃避这样看起来更为简单轻松的方式，那么就需要一个动机来推动他去尝试冒险。

这种动机可能是多样的，有的来访者是为了回避痛苦，寻找一个解决目前痛苦的方案，其实这也是很多来访者走进咨询室的原因；另外一些可能希望寻求某种关系，比如寻找一个恋人；还有些是希望自己达成理想的状态，比如寻求职业发展。

了解使命背后的动机往往是对来访者潜意识的一种探索，这个动机往往是来访者现实行为的背后原因。探索这个动机，来访者能够更加清晰自己的目标和内在需求，也能比较好地把故事与来访者的现实生活联系起来。

第三张卡牌　帮助卡

1.英雄是如何遇到帮助者的？

帮助者是英雄在旅程中的助力。英雄有时候需要一些人来辅佐和帮助他，以便他能够顺利地完成自己的旅程。在现实中，当我们遇到困难或者创伤时，也需要有人能够从旁协助，提供精神或者物质的支持。帮助者能够帮我们分担痛苦，提供引导，治疗一些之前的创伤，从而使我们以更好的状态来面对未来。

在英雄之旅中，帮助者常常以智者的形象出现。这种情况也常常出现在神话故事中。对很多人来说，当人生中遇到困难或者新的课题时，我们都期待着有一位白胡子老爷爷出现，以他的智慧和经验来指引我们一条道路。

英雄的帮助者往往不是凭空出现的，帮助者与英雄之间需要一种潜在的吸引。在我们熟悉的英雄故事中，英雄得到帮助并非没有原因，帮助者往往需要看到英雄的潜在特质，并对英雄怀有同情，或者认同英雄的看法，或者与英雄具有某种潜在的关系。在我的一次卡牌案例中，英雄势单力薄，被恶势力追赶，不得不流亡国外。在异国他乡，英雄遇到的帮助者是一位有些亲戚关系的朋友。英雄与这位朋友具有相类似的特质，所以朋友不仅为英雄提供了庇护，还与英雄结为同盟，共同与恶势力进行对抗。在这里帮助者与英雄的关系就很有特点，在后续的工作中，来访者发现，当身处一个陌生的环境，自己需要的帮助者是能够被信任的，因此才需要帮助者与自己有亲戚关系。在我重新强调帮助者是有亲戚关系的朋友，而非直接被表达为亲戚时，来访者意识到自己说的这个帮助者是自己的伴侣。曾仕强教授在讲《易经的智慧》时，曾提起夫妻是很有意思的关系，因为在一个家庭中，家庭的其他成员都与我们有血缘关系，而夫妻之间是唯一没有血缘关系的人。但我们与有血缘关系的人都没睡在一起，而恰恰是同这个和我们没有血缘关系的人睡在一张床上。在这个案例中，亲戚关系+朋友的组合，可能就是来访者在无意识中把伴侣之间的关系投射给帮助者。

2.帮助者有哪些特质？

帮助者也需要有一些特质才能帮助到英雄，如果帮助者所拥有的东西英雄完全具备或不需要，帮助者的存在就失去了价值。探索帮助者的特质也是为了能让来访者把自己需要的帮助者进行想象和描述，看看什么样的人能够帮助自己完成目标。

3.帮助者是如何帮助英雄的？

在这里帮助者能够提供的帮助会有两个层面，一种是物质上的直接帮助，另外一种就是心理层面或者能力层面的帮助。物质层面的帮助包括提供资源，比如说水、食物、住所、保护、交通工具、方向指引等。精神层面的帮助则可能涉及心理上的安慰、陪伴、支持、训练、心灵的指引等。

4.这样的帮助者在现实中存在吗？

在故事中，帮助者是来访者的理想投射，所以可能会出现过于超现实化的帮助者。比如在一个故事中，帮助者是一位强大的魔法师，他交给英雄一支魔法手杖。当英雄遇到困难———一只阻挡他的巨龙时，英雄使用手杖施展一个魔法就把龙干掉了。这意味着这个帮助者是非常理想化的，帮助者提供的资源已经能够使英雄毫不费力地解决问题，不需要英雄自己做任何的主观努力。这意味着英雄已经丧失了价值，就像这个故事中，如果拿到魔法师的手杖就可以解决问题，而魔法师的出现又是完全偶然，那么这个使命随便换成哪个路人都能够完成。这样英雄成为英雄就成了偶然，缺少说服力。

这样的帮助者在现实中是很难存在的，来访者也很难寻找到这样的资源。这意味着我们需要提醒来访者，他所需要的帮助者是否过分理想化，如果是过分理想化的，可能反映着来访者主动解决问题的意愿不足，或者过分依赖外界的力量来解决问题。如果我们帮助来访者意识到自己对帮助者有着过高的期待，我们有机会重新和来访者讨论帮助者的特质，让来访者对帮助者降低要求，在帮助者能给予的帮助和自我的克服之间寻找到一个平衡，也能够从现实中寻找到切实能够帮助到自己的人。

第四张卡牌　困难卡

1.探索英雄遇到的困难，具体化困难。

英雄所遇到的困难是其达成使命的障碍，或者说是为了达成使命必须经历的过程。在这个过程中，英雄需要经历磨难，面对种种考验。

我们需要在这张卡牌上让来访者尝试描述英雄所遇到的困难情境，并具体了解这个困难如何影响着英雄。这个部分的探索往往意味着潜意识中的困难是否能被意识化，并与来访者可以察觉的现实困难进行连接。

第五张卡牌　克服卡

1.探索解决方案，具体化解决方案。

问题的解决方案在英雄之旅中是一张很关键的卡，它意味着我们如何去创造一个方式来解决我们遇到的问题。在很多故事中，英雄的解决方案会被描述得比较模糊，比如说，来访者讲述英雄通过艰辛跋涉最终克服困难到达目的地。对于这种模糊的描述，我们需要尽量具体化英雄的克服过程，因为在我们玩卡的时刻，对于来访者而言，可能还并没有一个明确地解决自己问题的方案。通过潜意识的选择，来访者把一张卡牌定义为克服的途径，我们需要去看看他如何投射这种信息，帮助他挖掘适用于他的解决方案。

在这里也有一个有趣的讨论，在克服卡的使用中，很多人把这张图卡描述为时间。

有时这张卡在英雄之旅中出现在克服困难的位置上。来访者可能会如此表述：随着时间的流逝，创伤逐渐被抚平。听起来这似乎是一个解决方案，但遇到这样的情况，建议大家还是引起注意。在大多数情况下，时间确实是治愈创伤的良药，不过这并不意味着只要随着时间流逝，创伤或者困难就会自然得以解决。而且，时间是一个客观因素，无论英雄是否做出主观努力，时间都会过去。从这个角度而言，我一般认为这是一个无效的解决方案。这可能也反映着来访者不愿意面对当前的困境，或缺少明确的解决方案。因此，我一般选择去呈现这个内容，并进一步和来访者讨论，如果时间能够克服创伤，那可能需要多久？随着时间流逝可能发生了什么让外界情况或者英雄发生了改变？

2.英雄的解决方案能够帮助他克服困难吗？

在一些时候，来访者提出了自己的解决方案，并且也通过具体化的方式对克服的过程做出了描述，但这个方案是不是真的能够解决英雄的问题呢？这可不一定。当我们用这个问题去问来访者时，有时我们会发现，来访者提出的解决方案可能并不能帮助他克服困难，即使他采取了这样的方式，困难似乎仍然存在，或是只得到了部分解决。另外，有的时候会出现困难的转变，原本的困难得以解决或部分解决，但是新的问题产生，英雄仍然无法完成他的使命，达成他的目的。如果出现这样的情况，说明这个解决方案仍不足以解决英雄的全部问题，我们可能还需要进一步探索如何才能真正帮助英雄最终达成目标。

会出现这样的问题其实也很正常，因为有时候我们的困难只是问题的表象。比如说，一个来访者希望达成财富的自由，在他看来，他的困难是缺乏一个机遇的获得、一个良好的职业规划的制定。但是在英雄的旅程中，我们可能发现，即便制定了完善的计划，英雄却因为种种原因无法顺利地执行。或许我们继续探索，会发现英雄达成财富自由的目的并非追求财富的最大化，而是希望回避自己的一些责任，或是源于对存在的不安。这会导致他在表面上想要努力，但其实内心缺乏实现的意志。

第六张卡牌　结束卡

1.通过英雄之旅，英雄发生了什么样的变化？

之前我们提到，在英雄之旅完成之前，英雄的身份往往还不是真正的英雄，当英雄之旅完成之后，英雄才会在磨难之后发生蜕变，成为真正的克服者。在有现实困难的情境下，探索旅程对于来访者的意义，有助于来访者重新审定和看待自己的克服过程。在旅程中，英雄可能得以成长，具备了新的能力，找到了对待问题的新视角和处理方式。

2.英雄在结束旅程之后状态如何，有什么样的感受？

不一定每个故事都有圆满的大结局，在克服的过程中，除了最终的收获之外，英雄可能也会丧失一些东西。他有可能受伤、失去亲人或朋友、感到疲惫甚至痛苦、质疑自己的行为，等等。在这里我们用两个例子来说明这个问题对于英雄之旅的意义。

第一个案例是一位英雄为拯救村民而出发，寻找解决村庄土地污染的方法。他所遇到的困难很有趣，是他遇到一位漂亮的姑娘。英雄和姑娘之间产生了一段浪漫的感情，甚至让英雄忘记了自己出发的原因。有一天英雄突然觉醒，意识到自己原本的任务，告别了姑娘重新出发，最终达成使命，让村民得以解救。在故事的末尾，来访者讲述英雄重新回到村庄过着平静的生活。但当我问起英雄的状态和感受时，来访者觉得英雄似乎感到有些遗憾。当我们讨论起这个感觉时，来访者让英雄去把姑娘从远方接到身边，一起开始新的生活，这时候英雄的或者说是来访者的遗憾的感觉就消除了。

其实在这个故事里，我们不难看到一些问题和矛盾之处。在英雄的旅程中，姑娘是非常无辜的，她被英雄所爱，然后又被英雄抛弃，她作为一个工具化的角色被使用，甚至成为英雄的磨难。前文提到过，卡牌的故事像是一场白日梦，在这个梦中潜意识有时是可以肆意表达的。在来访者的本我（ID）层面，他不会顾及给剧情人物所带来的影响，但是与此同时，他的意识或者超我仍在发挥作用，让他在潜意识中产生内疚，从而反映在英雄的遗憾上。当我们做出提示，来访者就会有机会意识到，或许故事可以被改写，在克服困难的同时，英雄并不一定需要抛弃爱人，而是可以和爱人一起出发，这就带来了突破限制的治疗因子。

第二个案例是英雄卷入一场战争，并需要在战争中赢得胜利。他面对着很多对手，依靠自己的智慧和毅力解决了困难。但是在故事的结局，有这样的一张卡牌出现了：

来访者描述说，英雄虽然最终达成了目标，但是也付出了代价，他在战争中失去了一条腿。但是这位年轻人双手抱臂，神情坦然，似乎甩开了身后骑车的对手。问到来访者的感受时，来访者说这位英雄虽然在战争中受到了创伤，但是他顺利地达成了自己的目标，而且这种创伤并未影响到英雄继续自己的正常生活。这意味着来访者其实可以接受在克服困难的过程中遭受的创伤和丧失，也意识到要达成自己的目标需要付出代价。这种接纳本身对于来访者就是一种资源。

3.结束旅程之后，还会发生什么故事吗？

英雄之旅并不一定以故事的结束作为终点，英雄在完成任务之后，可能归隐山林，也可能继续有新的使命降临。英雄是回到了普通的世界重新成为平凡人，还是作为拯救他人或者世界的英雄受人膜拜，或者这又是下一段冒险旅程的开始？对于来访者而言，英雄之旅的克服过程可能已经让他获得成长，达成了自己的目标，也可能仍有不足或遗憾，就像前面的案例中需要去接回远方的姑娘。

一

英雄之旅案例演示

来访者C时常感到压抑和痛苦,我们开始咨询的时候,他常常提及和家人的矛盾和冲突。与此同时,他在生活中常常觉得自己找不到方向,在与周围人相处的时候,他也常常觉得不知道如何同对方交流。他感觉自己的内心深处有很多矛盾的声音,不论他如何做,总会有一个声音在提出反对的意见。在之前的咨询中,我们曾经使用英雄之旅的技术进行过探索,这一次他决定在感到痛苦时自己抽一组卡牌并讲述一个英雄之旅的故事。但是他发现,自己似乎讲述了一个非常凌乱的故事,并没有使他的思绪清楚。于是在咨询会面时,他把这个故事拿出来与我讨论,希望我们可以通过这位英雄的故事,找到他自身问题的一些解决之道。

来访者的故事:

英雄:有个女的实在找不着衣服穿,冷得不行,勉强找一太阳地晒晒。坐不是坐站不是站的,因为床看起来要化掉一样。

任务:这个人家里打得厉害,窗户都被震坏了,她的任务是从窗户里跑出去到达对面宁静的山上。但也是望山跑死马。

帮助者:这女的走到夜里,突然有一匹疯马来到面前,她管它叫"抽象"。这匹马驮着她跑,但总是像要散了架一样,得不断组装。有时,她觉得自己就是抽象,乱跑。

困难:这女的又变男的了,做瑜伽的时候老有一些人面无表情地踩在他身上，而且对他的痛苦毫不知情。他坚持着想挨到时间，时间很慢，他对自己干吗要坚持被踩着（不知道这个情况是不是瑜伽必修课程）有些莫名其妙。

解决方法：有个魔法弹爆炸了，这个世界不好，魔法弹会直接把这个局部的地儿炸掉，把人与事重新排列组合。爆炸的烟像一只狗，说着"你好！欢迎重新回归"。

结局：主人公突然以"我"的视角出现在山上的草坪上，风和日丽，摆着野餐。朋友们应该在附近，身旁或者背后。

带领者：你提到英雄是没穿衣服的，觉得很冷，所以去晒太阳。

来访者：嗯，这个女的没有衣服穿，在家里也实在找不到衣服，所以要晒太阳，这样能让她觉得稍微好一点。但晒了太阳也还是有点冷，晒太阳不能解决没有衣服的问题，至少长期解决不了，一会儿太阳就下山了。

带领者：你说英雄站也不是坐也不是，听起来这个英雄很为难。

来访者：是的，因为觉得英雄身下的床像是个冰激凌，有一种可能会化掉的感觉，好像很不稳，觉得床一坐就会塌。

带领者：这个英雄有什么特质吗？

来访者：比较会想办法，知道找不到衣服穿可以晒晒太阳。她确实觉得很冷，冻得鸡皮疙瘩都起来了。还有就是英雄比较谨慎，怕床塌了。

带领者：你觉得这些特质对英雄有什么作用或帮助吗？

来访者：一方面是真受不了，英雄确实觉得很冷，另一方面是积极寻找办法，觉得自己不该被冻着。

带领者：好像因为环境推动她寻找办法。

来访者：是的。

带领者：你在故事里说到英雄是从窗户里出去的。

来访者：不知道还有什么门可以绕开打架的地方。窗户反正已经被打破了，从窗户出去可能是最方便的办法。而且窗户外面看起来还不错，比屋子里面好。

带领者：你说的这个屋里是刚才英雄坐着的位置吗？

来访者：是同一个屋，屋里比外面的温度要低。英雄想着外面没准是一个世外桃源，比较清静。

带领者：你说到山上也是望山跑死马，似乎想要达到这个清静的地方路程是很远的。

来访者：比较远，反正不是一天两天能到得了的。

带领者：英雄的任务是到达窗外的山那里还是从家里离开？

来访者：两个都有吧，既需要从家里面逃离，也需要找一个更舒适的环境。

带领者：英雄是因为冷还是因为打得厉害才打算离开？

来访者：都有。不管是冷还是打架，哪个都让英雄不想在屋里继续待下去了。

带领者：你说英雄的帮助者，也就是马，能驮着英雄跑，它是如何帮助到英雄的？

来访者：不知道，感觉有些混乱，这匹马可能原地打转，也有可能跑错了方向，但至少这样还是在跑着的，总比什么都没有强。

带领者：这个帮助者有什么样的特质吗？

来访者：这个东西好像很有动能。

带领者：我们来看看困难卡，遇到困难的时候英雄似乎变成了男性，她是怎么变的？

来访者：不知道，开始我没想英雄是男是女的问题，好像是那匹马可以来回变，可以变成疯马，也可以变成男的。随便变成什么，都行。我是指，我好像也无所谓自己到底是男的还是女的，对此没有什么概念。

带领者：好像马是可以变成很多种形态的。

来访者：好像是，它在不同的图片里面变成不同的样子。

带领者：你说英雄是在练瑜伽，瑜伽会让你想到什么？

来访者：以前上学的时候曾有一段时间为了锻炼身体练习瑜伽，后来不做了，觉得是跟自己较劲。当时练的时候觉得一些动作要坚持很久，过程很累，好像一旦做了动作就要坚持到一定的时间才能停下来，但是我并不知道为什么要坚持着，觉得这样坚持可能会磨炼自己的意志。

带领者：这样的动作给你一个什么感觉？

来访者：就是在磨炼意志。

带领者：就是在磨炼意志。

来访者：是的，对精神是，可能对身体也有好处。

带领者：你提到是有人踩在英雄的身上，是有什么原因吗？

来访者：没有什么原因，就是感觉老有讨厌的人过来踩在身上，而且踩的时候还面无表情，踩好久，莫名其妙。

带领者：那些踩到英雄的人，他们知道自己踩到人了吗？

来访者：那些人知道自己踩在这个人身上，但是不知道对方很痛苦，可能有些人知道有些人不知道。

带领者：英雄是很痛苦的。

来访者：是的。坚持做瑜伽的动作和被人踩都让他觉得痛苦。

带领者：但是英雄似乎还是在忍耐。

来访者：是，有两个原因，一方面怕自己坚持不到秒数，如果坚持不到那个时间好像就不能达成磨炼意志的效果，另一方面也怕自己突然倒下来上面的人会摔倒。

带领者：似乎虽然英雄这时候很辛苦，但还是要为上面的人着想。

来访者：有些人踩上来可能是他自己也不知道的，突然倒塌可能会让他们摔跟头。

带领者：摔跟头会对英雄产生影响吗？

来访者：应该不会。

带领者：你刚才提到有人踩在英雄的身上让英雄感觉莫名其妙，你在之前的故事里好像也提到莫名其妙，说英雄对于自己这种练瑜伽和忍受被踩本身也是感到莫名其妙的。

来访者：对，我觉得自己生活中有些事情就是发生得莫名其妙。比如说我小时候父母经常生气，有时候会打我，但我并不知道他们为什么要打我，觉得自己受到了莫名其妙的对待。现在生活里也有这样的情况，之前朋友曾经找我借过钱，但是一年多过去了也始终不还。他还时不时给我打电话，说自己最近事业上又有什么发展。这让我觉得他好像是在炫耀自己的成绩，但是又不肯还钱，这也让我感到莫名其妙。

带领者：即使英雄觉得莫名其妙，但是不知道为什么好像他还是在忍受着这一切。

来访者：是的，所以我说英雄这种状态也是莫名其妙，我也不知道为什么我要忍受这一切。

带领者：在英雄克服困难的这张卡里你说觉得这个世界不好，怎样的一种不好？

来访者：英雄总是在莫名其妙地受罪，没有什么人顾及他的想法，家里面有很多冲突让他感到很难受，即使离开家好像还是在受罪。

带领者：在你的故事里炸弹炸掉的似乎不是整个世界，你说炸掉之后世界会重新排列，重新排列之后会变得如何？

来访者：变得更合理吧。我觉得很有可能在这个世界的其他地方很多事情是合理的，但是英雄遇到很多的不合理，比如为什么没有衣服穿，被别人踩等。炸弹会让英雄所在的这个地方发生改变，变得更合理。

带领者：魔法弹是可以修正不合理的。

来访者：是的。

带领者：在故事的结局，英雄最终到达山上了吗？

来访者：到达了。

带领者：这里的山是最开始在窗户里看到的山吗？

来访者：是，山顶上。

带领者：听起来英雄最终还是达成了他的目标。

来访者：是的，虽然过程很辛苦，但是还是达成了。

带领者：你说英雄在山上是和朋友们在一起，之前在你的故事中没听到朋友的事，可能是谁呢？

来访者：我也不太清楚，好像在之前的故事里确实没有提到过英雄有什么朋友，有可能马也算是朋友吧。

带领者：之前你说过马好像也是英雄。

来访者：有时候是，有时候不是，有时候跑着跑着英雄和马就会融为一体，但是这样的情况不会持续很久，马散架了，英雄还是会把它装起来。瞎跑，跑一会儿就散架，然后组装起来，又瞎跑。

带领者：这匹马有什么特质吗？

来访者：马的特质是看起来并不像马，动力很强。刚才有点想哭，不知道为什么。

带领者：哪个部分让你想哭？

来访者：不是特别清楚，大概是从说到倒数第三张就有点想哭。说到最后一张又回到第三张卡牌的时候就非常想哭。

带领者：故事中前面出现的好像只有这匹马，还有什么人是可能做朋友的。

来访者：可能也有别的人，可能狗也是。

带领者：到了故事结尾的时候，英雄的状态如何？

来访者：挺好的，没什么事，感到很平静，没有杂七杂八的事情，也没有负担，还有朋友在他的身边。

带领者：你刚才说了很多，比如平静，没有负担，有朋友在。哪个对于英雄的状态更有价值？

来访者：都是很重要的。

带领者：你之前提到是因为魔法弹，世界才变得更合理，魔法弹是哪里来的呢？

来访者：有一种可能是很多人都踩这个英雄，这个英雄的愤怒有一天终于爆发了，变成了魔法弹。也有可能这个世界是另一种生物制造的，他们有时会观察这个世界，如果出现了很多不合理的情况，发现了故障，就会修正。也不是只要不合理就会修正，有时候不会修正，想要修正才会修正。

带领者：在你刚才的说法中有两个可能，一种是英雄直接引发了改变，另外一种是外星生物做出了改变，你觉得哪个可能性大一些？

带领者：你是说生物把英雄变成了炸弹，这会跟坚持练瑜伽有关吗？

来访者：有点关系，英雄心里有气，攒到一定时候就会有些能量。

带领者：听起来英雄的愤怒也是一种能量。

来访者：是的。

带领者：在你的故事里，英雄有时候会跟马融为一体，你说马是有动能的，英雄也具备这样的动能吗？

来访者：有时候具备，有时候不具备，当他具备的时候就可以变成马。

带领者：什么时候会具备呢？好像英雄有两种力量，有动能的那一部分和马出现问题时能够修好马的那部分。

来访者：马好的时候可以骑着歇会儿，好的时候不多，总是瞎折腾。

带领者：依靠马，英雄走了一段路。

来访者：虽然方向不一定对，也经常散架，但是至少在跑吧。

带领者：好像英雄一路上都是对自己缝缝补补，非常吃力地向自己想要的目标进发，他也遇到了很多来自他人的伤害。英雄会在这些困难的情境下尽量想办法去解决，让自己可以达成自己的目标。

来访者：但是即使想到了一些办法还是会冷。这些办法能起到一些作用,但好像是暂时的,就像床会化掉一样。这样的状态让我有一种生活得很凑合的感觉,看着不太像样,乱七八糟,虽然也能用。

带领者:在故事的最后,英雄在山顶上和朋友在一起,朋友对于英雄能有什么帮助吗?

来访者:图上那个场景非常像我大学毕业那年为自己组织的生日聚会,在一个公园,有草坪,叫了几个朋友,拍了照片并做成日历。这张图以"第一人称"视角出现,而不是以观察者角度出现。朋友可以陪伴着英雄,他们是能够理解英雄的人。我会希望那些善待我的人能成为类似家人的角色,围绕在我身边。之前我主动和朋友们争取了一次聚会,去游乐园一起坐摩天轮。本来其中的一位朋友并没有那么想去游乐园,但是我反复争取,最后还是成功地说服了大家一起去,这让我想起来就觉得很开心。这两次聚会都是我主动为自己组织的,带有我个人主题的,类似"私人订制",所以那些朋友是更多关注我的。我希望主动争取朋友们认真、善意的关注。

带领者:看起来能够得到周围人善意的对待和关注能够让你发生一些改变。

来访者:是的,这样会让我觉得自己不是孤身一人。

带领者:好像除了用愤怒毁掉原本的世界之外,你也有自己的方式去修正这个莫名其妙的世界。

来访者:是的,或许等待着这个世界被修正也是一种办法,但是我想修正是通过内因起作用的,不能等着这个修正。

在这个故事中,我们看到一个非典型的英雄。这位英雄在故事的一开始似乎就很困窘,在后续的故事里也不断地遇到各种麻烦——没有衣服、床不结实、屋里打架、被人踩等。就连帮助者的状态似乎也不靠谱，这匹叫作抽象的马各种散架，也没有方向感，时不时需要英雄自己费力进行修理。这些反映着来访者处在不稳定的环境中，内心也缺乏安全感。

英雄的帮助者在这个故事中也是非典型的，它似乎处于不断的变化中，并在一些时候与英雄融合。这说明帮助者并非一般情况下的外部力量，而是很可能出自英雄本身。在事后的探讨中，这个猜想也得到了来访者的验证——这匹叫作抽象的马，正是来访者自身所具备的不稳定的人格特质的体现。

即便在如此困窘的情形下，我们还是可以和来访者一起寻找解决问题的方法和资源。我们看到，来访者如果能感到周围人的关注和善意，就能从中获取支持和力量，这可以说是一种社会的克服渠道。另一方面，来访者认为"积攒愤怒"最终会改变周围环境，并解决莫名其妙被人踩的问题，这可以被认为是情感层面的克服渠道。对于改变是来自外力（外星生物）还是内力（英雄本身）的澄清，是为了帮助来访者意识到修正最终是通过内因起作用，从而更愿意积极地去解决自己的问题。在后续的反馈中，来访者表示他开始逐渐尝试主动争取关注，并表达对"莫名其妙"的状况的愤怒，这都帮助他获得了更好的主观体验。

在克服卡的使用中，要提醒大家的是，无论我们用什么样的方式来使用它，都不是我们在教育或有意引导来访者去学习某种问题的解决方案，或者一定要找出某种资源。我们接纳对方的状态和感受，不做评判，只是通过呈现，帮助对方对自己进行觉察，并从中主动地和创造性地寻求他自己的问题解决方案。

常见问题Q&A：

Q：如果在英雄之旅的过程中，来访者是一位女性，但是她讲的英雄是一位男性，但最后她又说是在讲自己的故事，这样的情况怎么理解？

A：在故事的讲述过程中，我们不必把故事中的男性或女性与现实世界的男性或女性来等同。或者说，故事中的男性或女性所代表的，不一定是性别本身，而有可能是这个性别身份的某种特质。比如说，一位女性来访者讲述男英雄的故事，我在给她进行呈现的时候说，在你的故事里，英雄好像是一位男性。她回答是，我觉得只有男性才能当英雄。这可能意味着她对于自己作为女性去克服自己的困难是信心不足的。这时候我们可能需要提示来访者，好像完成这个使命，需要男性的一些特质，哪些男性的特质在来访者的眼中是故事中的英雄所必须具备的？这些特质对于英雄完成他的旅程又会产生哪些影响呢？

Q：老师，你在之前提到过，在卡牌使用中不轻易使用牌阵来确定某张卡牌的意义，英雄之旅对六张卡牌的顺序和含义都有指明，这是否也是一种牌阵呢？它会带来暗示而影响使用者的自由表达吗？

A：从我的角度来看，英雄之旅的过程不应该被视为一种牌阵。牌阵是预先决定好牌的固定位置，牌是先放置在牌阵上才打开的，不能随意地进行调整。在英雄之旅的使用中，虽然六张卡的意义确定，但是在我们打开卡牌之后，可以根据我们自己的意愿来决定哪一张是英雄，哪一张是帮助者，这就有了比较自由的选择权。正因如此，我们最终的选择是由自己来决定,而非依靠某种巧合,所以基本上是没有什么暗示性的。如果英雄之旅中存在着某种暗示,那就是前文所说的,我们暗示了使用者的英雄身份和英雄将会解决困难,仅此而已。

第六章

灵活使用OH卡牌

在之前的章节中我们已经了解基础卡和克服卡比较常见的使用方式。不过在我们的实际工作中，OH卡牌可以有千变万化的使用，帮助我们用更多方式来探索内心。OH卡牌被设计时，就是一个没有绝对正确的规范与操作方式的工具，所有的工作方式都是为了更好地进行探索。OH卡牌的多个卡组可以根据需要进行组合使用，有时也会带来很好的效果。当我们掌握了如何去通过卡牌本身以及来访者因此产生的投射来进行工作，就可以自由地对卡牌进行组合，发挥更多的功能。在本章中，我们会涉及一些灵活使用OH卡牌来进行工作的技术。

一
有明确目标的探索工作——定向探索

在我们使用卡牌来工作的过程中，有时也会遇到这样的情况——来访者有一个明确的事件希望进行有针对性的探索和解决。在基础卡个体技术部分，我们介绍了基础卡的不定向探索技术。从这个技术的使用中我们可以发现，这个技术没有预先设置目标。来访者如何去匹配和讲述，带领者会做出相应的呈现和反馈，我们不知道探索的主题会被带到哪里去。如果一位来访者抱着很明确的目的，比如说他最近遇到了一个情感方面的困惑，想要探索自己在这段关系中的问题，使用不定向探索就有可能让来访者感到目标不明确。在这样的情况下，我们可以使用定向探索的方式，有针对性地探索来访者希望探索的问题。

定向探索技术是一种订制化的卡牌使用方案。我们根据来访者关切的问题，对卡牌进行自由组合与赋意，以帮助来访者表达自己在这个问题上的想法和感受。在卡牌的一般工作中，我们比较常见的问题包括：婚姻情感、原生家庭、人际关系、职业、亲子等，针对这些问题，我们设置一组定向探索的卡牌，帮助来访者探索其中的问题与解决方案。以原生家庭为例：

我们让来访者从卡牌中挑选三张卡牌,分别代表自己眼中的父亲、自己眼中的母亲和他的家庭关系。来访者可以从图卡和字卡中自由选择自己认为最合适的卡牌来代表这三个内容。来访者选择完毕之后,我们邀请来访者描述这三张卡牌,看看他为什么会选择这些卡牌。

根据不同的需要,我们也可以做出这样的设置:

在来访者选好卡牌并做出解释后,我们可以问问他:
你觉得存在的问题能够得到解决吗?
如果解决了这个问题,你的家庭关系是否会达成你期待的状态?

想要解决这个问题，需要做出什么样的努力，是你发生改变还是其他人？

如果来访者对于解决这个问题缺乏办法，我们可以让他试着再选一张卡牌，我们可以这样引导来访者：如果让你再选一张卡牌，这张卡牌代表问题的解决方案，你会选择一张什么样的卡牌？来访者选卡之后，我们的卡牌设计就变成如下形式：

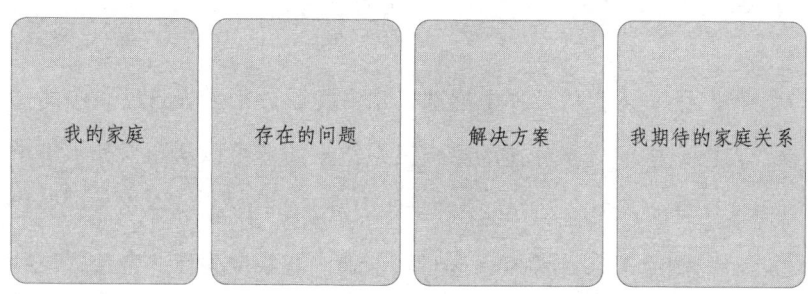

通过这样的方式，我们让来访者通过直觉来描述他的问题，用一张图卡或字卡来进行表达。在这个过程中，我们依然使用呈现与提问的方式来促进来访者对于自己表述内容的觉察并主动探索问题的解决方案。

我们可以看到，定向探索是一种非常灵活的方式，带领者可以根据需要来自由地设定卡组中卡牌的代表含义。无论来访者提出什么样的探索需求，我们都可以找到方法使用卡牌来工作。之前也有同事想要通过卡牌来探索一下自己与金钱的关系，我当时给她做出了这样的设置：

在这个探索的过程中,她发现金钱对自己的意义是能够让自己的生活变得更轻松、更丰盛。但是她获取金钱的方式是努力工作,这种方式并没有让她感到轻松,这时她意识到,她更期待的状态并非原本描述的实现财务自由,而是能够平衡自己的工作和生活。

在定向探索技术中,我们一般使用选卡的方式进行,为了让来访者有机会选择更适合情境的卡牌,我们可以多组卡牌混用。比如说,当定向探索中需要选择代表人物的卡牌,如父亲、母亲、恋人、上司等,我们可以使用人像卡(PERSONA);如果探索情感方面的问题,我们可以使用伴侣卡(TANDOO)。但是在这里建议大家在对多组卡牌进行混用时,最好控制混用的卡组数量以不超过三组为宜,这是因为如果有太多的选择,可能会干扰来访者——我们知道,在选择太多的时候,人们往往会变得不知道如何选择。

定向探索与不定向探索的比较

与不定向探索技术相比,定向探索技术更为灵活多变,可以有针对性地设计最适合来访者需要的主题进行工作。从工作方式的区别上,定向探索技术采取选卡而非抽卡的模式,让来访者挑选出更为有感觉的卡牌来进行工作，让来访者的卡牌更具有代表意义。另一方面，因为探索目标明确，可以让来访者更有针对性地进行阐述，从而减少在不定向探索初期比较容易出现的来访者无法明了卡牌工作意义的问题，带领者的工作方向也更为明晰。但从另一个角度来看，定向探索减弱了故事在工作中的使用，虽然更容易让来访者把卡牌与现实事件进行连接，却同时减弱了故事化带来的绕过防御的功能，这在一定程度上限制了卡牌工作的探索深度。

对于有经验的带领者而言，来访者所提出的探索目标未见得是其真正的目标或问题所在。正如前文所述，我们使用卡牌最终的目的是了解来访者潜意识中的需求、动机以及思维模式。这往往能够揭示来访者现实困难的心理来源，也有助于我们和来访者一起去寻找解决问题的方案。通过不定向探索技术，如果我们运用得当，未见得不能起到解决来访者现实困惑的目的。正因为投射往往反映着当下的内心感受，所以来访者真正关切的内容，往往在不定向探索的过程中仍会加以呈现。因此，虽然定向探索技术有其优点，仍不能完全替代不定向探索技术。

克服卡团体技术——感觉之轮

感觉之轮是克服卡的团体技术,在团体情境下,我们可以通过这个方式来分享彼此的感受和经验,了解自己和他人是如何看待我们面对的问题情境的。

基本操作流程:

1.每一位团体成员抽取一张OH卡牌的文字卡。

2.将文字卡打开放置在桌面上,形成一个圆环。

3.每位成员抽出一张克服卡,代表他们目前正在奋斗的主题或问题。

4.让团体成员观察字卡,把觉得最能描述自己问题的字卡与手中的克服卡进行匹配。如果两个或两个以上的成员选择了相同的文字卡,不同成员的克服卡应并列摆放在文字卡旁,以保证所有的图卡都能被看到。

5.团体成员彼此分享自己的故事。

6.感觉之轮进阶使用——在完成第五步分享之后,邀请团体成员拿起一张别人的图卡,并尝试按照自己的感觉匹配到字卡上去。

匹配完成之后，邀请大家再次分享自己的故事，并讨论：当我们最初抽到的图卡被移动位置并由他人再次做出解释，我们会有什么样的体验？

感觉之轮是一个用克服卡和基础卡组合完成的技术，借助基础卡的字卡，克服卡有了更广阔的讨论空间。感觉之轮的主要目的就是为了让大家能够分享彼此的感觉和经验，了解在克服过程中自己的感受以及那些能够帮助我们解决问题的资源。

在团体环境比较安全的情况下，我们可以使用进阶的方案，让大家移动卡牌并彼此分享。这会帮助大家更好地沟通并互相提供资源。在团体内，我们抱着开放的态度，无论卡牌的被移动是否自己觉得恰当，我们都可以把自己的想法和感受与团体分享。在良好的团体环境下，团体成员会愿意为彼此提供支持和资源，有时他人的解释会给我们带来一些新的想法和体验。如果是在团体成员比较陌生的情境下，可能要考虑卡牌被移动带来的情绪影响，如果团体环境不够安全，建议不要轻易使用。

一
基础卡的经典使用方式——爱是……

这个技术比较适合在团体中使用,在这个使用方法中,基础卡的八十八张字卡都可以作为一个句子的开头,我们抽出一张字卡,并尝试完成这个句子。

基本操作流程:

1. 抽出一张字卡。
2. 团体成员都以这张字卡的文字作为开头,完成一个句子。
3. 成员解释自己的句子。
4. 彼此分享关于这张字卡的感受。

以字卡"焦虑"为例,可以让大家讨论"焦虑是……"或者"我会如何面对焦虑……"

这个游戏也可以与图卡相配,每个人抽出一张图卡,完成字卡的造句。比如一位成员抽到一个人在墙角的图卡,他可能会说:"这个人非常焦虑,所以蜷缩在墙角想办法。"

在团体情境下,这个游戏帮助我们分享彼此的经验,并可以借由他人的分享从更多角度理解这个经验。它帮助我们看到更多的角度和差异化的价值观。

自由拓展卡牌——卡牌绘画

卡牌绘画是一种将图卡与绘画技术结合的使用方式。通过这种方式,我们可以自由拓展卡牌的内容,把我们脑海中浮现的情境用绘画而非语言的方式表达出来。

基本操作流程:

1.挑选或抽出一张图卡。

2.准备一张白纸,把图卡放在纸上的任何一个位置。

3.试着想象图卡之外的场景,画出这个与卡牌连接的场景。

4.试着描述这个场景。

绘画帮助我们丰富了卡牌的意象,通过画笔,我们把卡牌中未能表达的、自己潜意识中存在的部分进行了补全。对于更喜欢用画笔而非语言来进行描述的朋友,这是一个非常有趣的方法。

第七章

卡牌案例

一

是什么阻碍着我达成梦想？

在这组卡牌开始之前，来访者K表示她有些紧张，因为她不知道通过这组卡牌能够探索到什么，也有点担心自己能不能在卡牌进行的过程中真实地袒露自己的内心。

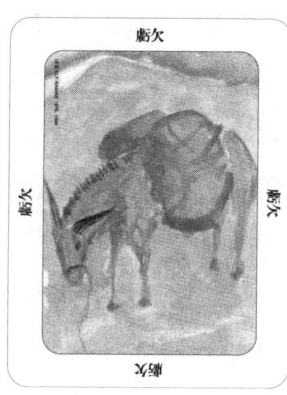
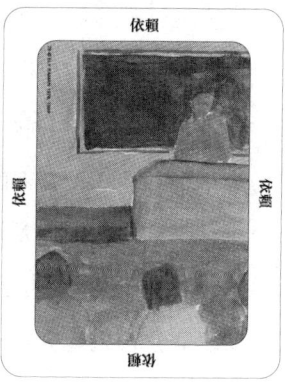

匹配原因：

1.我觉得军队这张图卡的场面是和梦想最匹配的，它让我想到一些和梦想有关的事。

2.骡子这张卡牌看起来比较沉重，就和亏欠匹配在一起了。

3.讲课的这张卡牌觉得是比较中性的一张，就放在依赖这里了，觉得匹配还蛮顺当的。我觉得自己对权威是有挺重的依赖的，对男性可能也有，对有力量的角色可能都有些依赖。

故事：

1.这张图片给我最大的感受是红色，我特别喜欢红色，让我想到自己还是小女孩的时候喜欢红色的衣服，看到这些人红色的上装的时候觉得挺热血沸腾的，可能我不是其中的一员，但是我希望有那种满载梦想的状态。我希望这个旗手是自己的理想伴侣，希望我的一部分梦想他能够帮忙实现。

2.这是一帮很稚嫩的孩子，柠檬黄和橘色充满了生气，好像外面的世界有很多是他们想要探索的，要去汲取很多支持、力量，所以他们在一个很普通的教室，承载着他们的父辈，也有他们自己的很多理想要去付诸实践。穿黄衣服的男孩坐在第一排，他觉得眼前站在讲台上的老师有很多知识，有很多过人的东西，虽然他可能并不知道是什么。图片上老师一高一低的肩膀看着有些不舒服，但是穿黄衣服的男孩对于老师还是有无限的理想化，觉得老师能让他获取很多未知的东西。我蛮喜欢黑板旁边的绿色。

3.骡子让我想起我爸爸，我觉得我爸爸就是一个非常投入地去生活、非常投入地为自己身边人付出的人，包括为我、妈妈、姐姐。骡子低头的样子会让我想起在爸爸有些事情做得不太合适的时候，似乎不太讨喜。之前每次回去都觉得他更苍老，感觉他身上背负了很多东西。这头骡子让我觉得自己对爸爸是有些亏欠的。

带领者：好的，你第一张匹配的卡牌是梦想。

来访者：是的。

带领者：你觉得军队和梦想是最匹配的。

来访者：是的。

带领者：你说你喜欢他们红色的上衣，也想到自己小时候喜欢红色的衣服。

来访者：对，应该说是大红色。

带领者：小时候穿红色的衣服吗？

来访者：我觉得我穿红色是最好看的，但小时候不是经常有新衣服。有几件我非常喜欢的正好都是大红色。妈妈也时常夸我穿红色的衣服好看。很长一段时间里面我都觉得自己可能穿红色的最好看。

带领者：后来也是这样想吗？

来访者：好像高中以后就没有觉得自己非要穿红色的才好看了。

带领者：但是你看到图片上的军人穿着红色的衣服还是有热血沸腾的感觉。

来访者：士兵的上衣和国旗给我一些感觉，有些梦寐以求的东西，这让我挺喜欢这张图片的，尤其这个大面积红色的衣服穿在士兵的身上。

带领者：穿在士兵身上会让你觉得有什么不同吗？

来访者：跟平时见到的军人的面貌不太一样，觉得好看。

带领者：好看会和热血沸腾有关吗？

来访者：会想到一些阅兵的仪式，会想到一些荣耀感吧，恢宏的、整齐划一的场面也很少见。

带领者：你会把这些和梦想连在一起。

来访者：这个画面让我感觉到青春、活力，扛着枪让我觉得有力量。

带领者：在故事里，你提到希望正中间的旗手是你理想的恋人。

来访者：这是之前我给人做卡时有人讲他的故事，我一直记着。

带领者：当时那个故事哪里打动了你？

来访者：我会觉得他挺敢想的。

带领者：你觉得另外两张不那么中性吗？

来访者：骡子我还是觉得有些，尤其是低着头，会觉得疲倦，有点消极。

带领者：军队呢？

来访者：完全是正向的，上面的黄绿色我也很喜欢。

带领者：这种颜色会给你什么感觉？

来访者：十六七岁，特别年轻的、春天刚发出来绿芽的、无限生机的感觉。

带领者：在依赖的故事里面你也提了一句关于梦想，好像和梦想也会有些关系。

来访者：对，我这三个故事好像还都提到了男性。

带领者：你注意到男性这件事会让你有什么想法或感受吗？

来访者：会觉得自己依然有一些跟男性、跟权威要处理的问题。

带领者：给我的感觉是梦想和依赖的联系更紧密些，在你的描述和故事里，两组图卡有些共同的因素，比如说黄绿色、男性、梦想、依赖。

来访者：我看到这个，真的是自己很长时间以来一直说自己是独立女性，但是实际上并没有那么独立，不知道自己依赖的是哪一部分。我很惊讶自己刚才说的我希望旗手帮我实现一些自己的梦想。我自己的梦想怎么要交给别人实现？或许这个梦想更多的是说我想有一个理想化的关系，我觉得甚至有点过于理想化的、童话般的关系。

带领者：你希望他帮你实现理想化的关系。

来访者：对，更多的是这个。

带领者：除了关系之外还有吗？

来访者：关系是最重要的，如果没有，就帮我实现有好多钱也行。

带领者：我注意到你把注意力放在了卡牌中心的人物上，你选择了旗手。

来访者：其实我在生活中，一般会做折中的选择，不会去选择那个最突出的，尤其是当着众人面的时候，我会选择相对安全的，因为这是在做卡牌，我就选了一个出挑的。

带领者：平时会更折中。

来访者：比较中庸一点。

带领者：中庸能帮你实现梦想吗？

来访者：你说中我了。我一直到现在都觉得自己离梦想很远，是因为我一直都不敢伸手去够，也一直不敢努力去够。

带领者：你刚才提到在众人在场的情况下，好像会选择比较安全的。

来访者：我觉得一直是，选择安全的会比较顺当地得到，如果选高出我太多的，我怕被笑话。

带领者：怕被笑话。你有这样的经验吗？

来访者：其实真不太有，我父母都是非常四平八稳的人，我学来的是有多大能耐就做多大的事，所以挑战对我来说是不太有的。

带领者：因为是游戏所以选择了比较出众的。

来访者：游戏不用承担后果。

带领者：所以你不选择是怕承担后果吗？

来访者：怕输得比较惨被人笑话。

带领者：好像你害怕自己会输。

来访者：可能输了被众人知道，比较难以接受，所以干脆不选难的。

带领者：所以梦想你也是不轻易说出口的。

来访者：对啊。我会想到婚姻上，对婚姻我多数时候不是主动的，最后也会选择一个相对四平八稳的人。

带领者：所以你也把梦想和恋人连在了一起。

来访者：我觉得我的梦想里面一定是有关系的，有跟人连接的，不是只有个人。

带领者：你刚才提到讲台下的孩子有梦想，他们可能会有什么梦想？

来访者：变得很有智慧，可以出人头地。

带领者：你刚才说台上的老师是很有智慧的。

来访者：但我不太喜欢图片里面老师的姿态。

带领者：你提到老师一高一低的肩膀。

来访者：好像有些敷衍，有些懈怠。

带领者：虽然这种感觉让穿黄色衣服的孩子感到不舒服，但他对老师还是有很多理想化。

来访者：对。

带领者：你把这张图卡和依赖放在一起，你依赖的对象会让你有时感到敷衍或懈怠吗？

来访者：我会感觉有我不喜欢的，但好像不是懈怠，在那个瞬间我会觉得，我最不好的感受是我在他那里没有我想象得那么重要。如果有敷衍懈怠我早就撤了，不可能有依赖。

带领者：即使有点小问题，你还是理想化了他。

来访者：我容易在关系的初期正面夸大对方，如果是权威的话，我可能一开始就有比较理想化的地方。

带领者：你觉得孩子的依赖会帮到他们吗？

来访者：能。

带领者：会带来一些什么帮助？

来访者：我自己就是这么过来的，会追寻老师的一些方式方法，我说会让我瞬间想到自己，因为自己的判断较少，我从小比较少独立思考，权威说的我都接受。我自己的学习成长很多时候就是依赖这些权威。

带领者：看来依赖权威也给你带来了一些好处。

来访者：起码是比较安全的。

带领者：好像和梦想又连在一起，因为安全不用去挑战。

来访者：或者说很长一段时间不知道自己的梦想是什么。

带领者：现在知道了吗？

来访者：越来越破除一些依赖的时候，梦想才会浮现出来。独立地做一些自己小时候没有去做的，比如说画画啊。我小时候是一个运动能力很差的人，也想锻炼一下自己的体能，也一直希望自己是一个在经济上很独立的女性。理想的关系，但是周围似乎很稀有。

带领者：有什么方法能更好地帮你实现这些梦想吗？

来访者：第一个就是减少依赖，第二个是坚持去做，不能随便放弃。

带领者：听起来好像以前你会放弃。

来访者：这是我非常致命的一个问题。都是选择安全的，所以多数都得到了，但得到的似乎不是最想要的。以前的世界很小，觉得这样挺好。现在觉得没那么好了，我觉得我其实有潜力，还可以尝试更多。

带领者：亏欠这张让你想到了父亲，是图卡还是文字？

来访者：图卡让我想到有点疲倦，不为旁边人所接受、关注，想到亏欠是想到亏欠父母，亏欠爸爸的多一点。

带领者：会觉得亏欠些什么？

来访者：不太能走到他的心里，我也做不到他喜欢的样子。

带领者：你说你做不到他喜欢的样子。

来访者：我妈妈也有点这样，他们有愿望，当表达的时候，经常使用"不"字开头。当我有能力为他们做点什么的时候，他们全是不要。觉得他们爱人的方式有时会有点苦肉计的感觉，虽然不是很过分，明明大家都可以很舒服，非要选择一个很别扭的方式。

带领者：他们喜欢什么样的状态？

来访者：我真的觉得怎么样他们都不会喜欢，都能给自己找不痛快。

带领者：你觉得疲倦、不被接受和关注，和爸爸接近吗？

来访者：接近。我们聊的话题他插不进来，就算有时候觉得对他有冷落，但是聊不到一起，想陪他但是不知道做点什么，当我们偶尔能做到点儿上，看到他像个孩子的时候，我们心里是非常高兴的。

带领者：你会觉得对他的陪伴还是不太够，但又确实是你不太做得到的地方。

来访者：在陪伴孩子时，自己不喜欢，多数时候也会装作喜欢的样子去陪伴，但是对父母似乎做不到，做得太少了，觉得还是自己不够用心去做。

带领者：如果更用心一些，是可以减少亏欠感的。

来访者：是的，会觉得自己还是尽了一些力的。

带领者：三张卡牌之间还会有关联吗？

来访者：梦想和依赖更紧，我对梦想的选择，对权威的接受，和爸爸其实是有些关系的。

带领者：这也正是我想问的，你说到对权威，对男性的依赖，对爸爸有吗？

来访者：我曾经试图回忆，似乎是十岁以前，爸爸说和我是好朋友，这让我觉得和爸爸最紧密。还有一部分是我妈对我爸的批评比较多，我不太知道对我又有怎样的影响，但是也确实存在。她会说爸爸没用啊，我会经常说你别这么说我爸爸。

带领者：有理想化的爸爸吗？

来访者：更大气，看事情做决定更有谋略，更开朗一些。

带领者：现在对男性也会有这样的期待吗？

来访者：这好像是我一直比较看重的男性的特质吧。

带领者：大气、有谋略、开朗。

来访者：嗯。

带领者：理想化的关系里的对象是这样的人吗？

来访者：嗯，可能还多一些。

带领者：还多些什么？

来访者：有点才气，有点情趣，男性魅力强一点。

带领者：在今天的卡牌中，我们谈到了关于你的梦想，似乎在过去很长的时间里，你对自己的梦想是什么并不太清晰。现在你知道，你希望独立地做一些事情、锻炼自己的体能、成为一个经济独立的女性,也希望能有一段理想的亲密关系。

来访者:是的,以前没怎么想过,今天好像一口气整理出来了。

带领者:与此同时,你也感觉到你离自己的梦想似乎还有距离,你也注意到,以前你采取的中庸的方式,让你不太敢于迎接挑战,这可能也阻碍了你去实现你的梦想。

来访者:是的,当你问到的时候我很明显地感觉到。

带领者:我们也谈到你对男性和权威的依赖。

来访者:以前我一直是依赖权威的,这也给了我一些好处,但现在我逐渐可以不那么理想化权威了。

带领者:你也谈到了父亲,谈到对父亲的亏欠感。我也注意到,你相信如果更用心地去做,可能会帮助你减少这种亏欠的感觉。

来访者:嗯,或许再多一些努力和耐心吧,就像是对待孩子一样。

带领者:我们也谈到爸爸给你带来了一些影响,比如说你期待理想伴侣身上的一些特质,比如说大气、有谋略、开朗。

来访者:以前我没考虑过这可能给我的影响,现在看来,确实我是有这样的想法的。

带领者:除此之外,你还提到,对于理想伴侣,你还希望他有才气和情趣、男性魅力强。

来访者:是,看起来我还有挺多要求的。

带领者:如果现在我们有机会调整一下卡牌的顺序或是匹配,你有需要调整的地方吗?

来访者:有。

带领者:有什么原因会让你想这样调整吗?

来访者：我还是挺希望在爸爸余下来的时间里和他相处得更融洽，整个家庭的彼此依赖也能够更紧密些。老师的这个样子会让我觉得他有点亏欠孩子对他的热诚。所以我想把它们换个位置，最主要的还是把依赖和骡子放在一起。

带领者：做调整之后，感觉有变化吗？

来访者：对我比较重要的是父亲的位置变化了，会让我轻松一些。

带领者：最后对这组卡牌你还有哪些想说的？

来访者：我觉得这三张字卡都还挺有意义的，是我情感中非常突出的几个方面，个人的、关系的、关于愧疚感的。

整组卡牌结束之后，我和K对她在这组卡牌中的感受做了一些讨论，她向我表示自己有点意外，因为她之前就想过自己不是很容易暴露自己内心想法的人。在这组卡牌中，她觉得对几个问题印象很深刻，其中中庸的选择是否能够帮助她实现梦想这个问题，让她觉得正中靶心，对此她之前一直有些回避。其实我们不难看到，影响她达成梦想的因素，在于过去她已经形成了一种模式，这种模式让她回避可能的挑战与风险，选择更为安全和易达成的方案。这确实保证了她在大多数情况下得到了自己想要的东西，但她得到的东西其实与她内心深处的梦想并不一致。如果不能改变自己的模式，尝试迎接挑战，她可能很难达成自己的梦想。另外，在提到梦想与依赖的关系、与父亲的关系对与异性相处的影响的部分时，她也觉得很受触动。

从错误中升华——重审原生家庭与自我

如果在一个家庭中,孩子未能得到想要的爱,又不得不面对父母的期待,尤其在这种期待显得不那么容易达成的情况下,孩子很容易背上一种负罪感——我是家庭的累赘。这会让孩子幼小的心灵中产生怀疑,觉得父母不够爱他,或者自己不配享有父母的照顾,从而产生一种自罪的意识。这种爱的缺乏如果比较严重的话,有些孩子会觉得自己的出生可能是错误的。即使他以后长大了,这种感觉却不会轻易消除,很有可能会伴随他很多年。如何超越这种错误,重新理解原生家庭与自我的关系呢?我们来看看下面的案例:

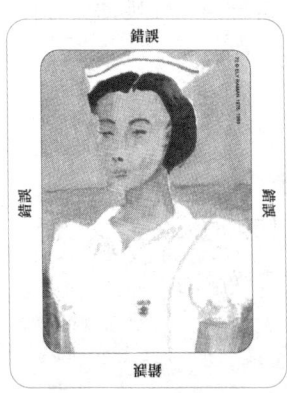  

来访者：我在排列的时候有一个顺序，似乎有一个进阶，从错误到疲惫到诙谐。第一张卡牌是错误，这是一个护士，这让我想到的是似乎我的出生就是一个错误。这个护士应该是接生的护士。第二张卡牌里这种劳作可能会带有一些疲惫的感觉。最后这一张是经过一些成长之后，会重新看待曾经的错误吧。在一个很长很长时间成长的过程之后才知道这组牌告诉我的信息。我一直觉得自己不被爱，我也在追溯这样的一个源头，为什么呢？可能我的出生就是不被欢迎的，所以不会被很好地对待，就会体验到一些被忽略的感受。我一直以为我的出生就是一个错误，有可能我妈妈有我的时候并不想要我，但这并不代表我出生之后她就是不爱我的。我在想这可能是我这一代人普遍会有的一种感觉，尤其对女孩子来说可能比较强烈。但是在物质方面的话妈妈对自己照顾得很细致，你找不到自己到底是哪里不被爱，可感受到的就是不被爱。后来我发现我缺少的可能是一种情感上的互动，情感的缺乏就是我们那一代人缺少的东西，父母也不知道怎么给这些东西。父母能做到的就是让你吃饱穿暖，读书能读到什么程度就供到什么程度。情感上的关爱是缺少的，因为他们自己也没有。这张牌可能会在这个角度让我想到，就是可能我在出生之前是父母不想要的，但出生之后他们并不是不爱我。第二张就是看到父母非常的辛苦，因为在那样一个年代，看到父母总是在劳作，就会感觉他们是很辛苦的。但是他们似乎并不想让我帮他们去做什么，因为按照我妈告诉我的说法是她不希望我过这样的生活。所以虽然我出生在农村，但这样的劳动我基本上没有体验过。不过我还是能看到他们特别辛苦地在劳动，特别疲惫的样子。这也会让我去承担一些东西，想着怎么样能够帮助他们。这个过程我自己也承担了很多东西，也会感到有些痛苦，很希望能走出这样的状态。从疲惫到诙谐大概是通过之前的这些感受，这时候才理解到他们所说的苦难，以及自己感觉的苦难。这时候才会看到彩虹，才会让自己的生活也慢慢过得有趣起来，就是这样。

带领者：好像父母的这种方式一方面让你避免了一些劳动，但同时似乎也给了你一些压力。

来访者：不仅给的是压力，而且也缺少了一些东西。可能就是跟现实生活联系得比较少，我不太懂得在现实生活里怎么去做事情。

带领者：在你的故事里，我听到你是很希望去帮助父母的，去分担一些生活的压力，但你好像并不知道怎么去做。

来访者：对，就会很焦虑地坐在那里学习，或者说是做出学习的样子来给他们看。

带领者：好像你要通过这样的方式来让父母安心。

来访者：是的。

带领者：好像直到现在，你还在想着一些如何帮助父母的事情，后来你是怎样做的呢？

来访者：可能一直就是尽量给他们物质上的帮助，希望他们能过得不那么苦。但是现在发现可能我不需要再做什么了，因为那就是他们的生活方式，如果硬要他们改变也会让他们感到痛苦。当我把这一部分放下的时候我也能活得轻松一点，能更多地去给一些他们想要的东西，而不仅仅是物质上的支持了。

带领者：你帮助父母的方式好像也是物质上的支持，这种方式好像和小时候父母对你的方式是一样的。

来访者：对，是的。情感上的东西通过物质上的东西来进行表达，我也不知道怎么给。现在可能更多的是给一些精神上的理解和支持。

带领者：你能感觉到之前成长过程中情感层面的缺失，但在这样的环境下成长起来的你也不知道如何去做。当你现在能够接纳父母的状况，好像你也有了更多的空间去思考如何去发展情感上的连接。

来访者：嗯，首先要放下一些东西，尊重他们的生活方式，到了不想着要改变他们的时候，才能提供一些情感方面的支持。

带领者：嗯，所以你现在比较接受父母的现状，即使在你的眼中看来他们仍然是比较辛劳的，但你能认可这样的方式更适合他们达成自己想要的生活状态。

带领者：你说这张卡上是一位护士，你觉得她是一个什么样的状态？

来访者：我刚才也在想，这个护士她是谁呢？我刚才说她是接生的护士，但实际上好像这个护士就是我妈妈。她以这样的方式呈现可能是我小的时候妈妈也做过一段时间的护士，也会给我们打针什么的，所以就把她界定成护士了。

带领者：她给你什么样的感受？

来访者：不太开心。

带领者：你觉得不太开心。

来访者：嗯，不太开心，她在内心有她自己想过的生活，但是现实是她不能过那样的生活。

带领者：你刚才说她是接生的护士，她正在接生吗？

来访者：不是，她好像是在一旁很冷漠地看着这个孩子。她可能会觉得这个孩子是个累赘，会阻碍她过她自己想要的生活。

带领者：她好像没办法接生自己的孩子。

来访者：她在心理上可能不觉得这是她的孩子，没有特别喜欢的那种感觉。

带领者：你觉得这个护士有自己想要的生活，但是没办法实现。你也把这个护士定义为妈妈。你曾感受到过妈妈有这样的想法吗？

来访者：有啊，因为她经常跟我说她想过什么样的生活，甚至还有几个模板在那儿放着呢。比如说我的一个亲戚，还有她认识的一个舞蹈老师，这个老师的照片也在我家里放着，是那种非常美的照片，小的时候我经常看。我觉得她给我描摹出了一种生活，她想过的生活，我在努力地帮她去实现。当我重新看自己的生活时，我觉得我好像在按照她所描述的那种方式去生活，但是走着走着就走丢了。我觉得我现在有能力不再纠缠在现实生活中的事情时，我就不自觉地按照她说的方式去生活了。

带领者：好像你在承载着妈妈的希望，但是在你的故事中，护士感觉这个孩子好像会阻碍她达成自己想要的生活。

来访者：妈妈说过的一句话让我有这样的感觉，就是她说当她看到我成绩不错的时候，才比较安于目前的生活了。我的成绩如果不太好的话，她可能还会有别的想法。

带领者：听起来好像如果你的成绩不太好，她就不会安于自己的生活状态。

来访者：对。

带领者：这会让你觉得有压力吗？

来访者：我不知道自己之前是怎么想的了。只是最近一两年再听她说这类的话，会让我感觉不太舒服。好像感觉是说我以前都没有爱过你，只是看你有发展所以才爱你。

带领者：这可能是感觉以前自己不被爱的来源。

来访者：是的。

带领者：在第三张卡牌中你说通过成长，你也发生了一些变化。我注意到你用了有趣这个词。哪些东西会让你感觉到有趣？

来访者：以前的生活就是一直闷头往前跑，但是现在可以慢慢停下来，不再闷头往前跑了。我可能会去做一些现实生活中以前不太擅长做的事情，比如做饭、收拾屋子。这些都是以前我不擅长做的事情。有时我会想着我可以学着做饭什么的。但是还是在想，还没有真的开始去做。有点不好意思说，我以前只是把自己的目光局限在解决他们的痛苦上，甚至有一段时间都不太关注他们的感受，而是更多地关注到我老公他们家的那些事，可能也弄得周围的人很不舒服。现在我才渐渐把自己抽离出来，去做一些我想做的事情，做一些和文字相关的事，这也是我比较擅长的。我也会去大学听一些讲座，去看一些节目，这可能也是我妈想要做的事情，我就觉得我早应该这样去做的，我为什么现在才去做呢。之前我老公想带我出去玩的时候，我总是觉得心情不好不想去，现在可能就会说那好啊，走吧。和以前的模式相比，现在会有更多的方法放松下来让自己找乐子。我以前在家里也不能让自己放松地看电视，必须同时要做着另外一件事。我总会想着要做一件有用的事情。

带领者：你说过去父母对你的保护让你离现实有点远，像做饭这样的事情，之前自己都很少做。现在你尝试去做这些事，好像能够让你逐渐回到现实里面来。通过这样的方式你能体验到生活的乐趣。当你能够按照你自己的意愿去做你想做的事情时，好像过去妈妈期望你达成的生活你已经达成了。

来访者：可能还没有完全达成吧。或许想要达成还需要我更放松一些，更能享受自己的状态。

带领者：当你能享受自己的状态时，似乎最开始自己出生的错误也没有那么严重了。

来访者：嗯，是的。

带领者：如果我们现在有一个机会去改变字卡和图卡的匹配，你觉得需要改动吗？

来访者：不用了，我觉得这样就挺好的。

带领者：那今天这组卡牌这样可以吗？

来访者：可以。

在这个案例中，我们可以看到，来访者的父母并不是不爱她——他们辛勤地劳作，为了让自己的孩子能够拥有更好的生活。但这种爱并没有让来访者感到舒适，与此相反，她反而感受到了沉重的压力，并认为自己的出生可能是不受欢迎的。虽然从出生开始，她已经在这个世界上生活了四十个年头，但仍有这样的担忧——自己的出生可能是个错误。通过成长，她已经能够理解，父母并不是不爱，而是不知道如何给她需要的爱。在卡牌的进行过程中，带领者用父母的方式与来访者对待父母的方式进行类比，帮助来访者感受到，我们都不一定懂得如何给他人他们想要的爱。这让来访者有机会去反思，或许在不确定什么是对方想要的爱的情况下，我们可以试着去理解和尊重对方的选择，即使这种选择在自己看来是不那么愉悦的。过去父母的付出也仍让来访者感到一些压力，所以多年来她一直希望能为父母做得更多。在卡牌的工作中，带领者通过呈现护士的想法和感受，帮助来访者重新理解妈妈对于生活的期待和追求。来访者领悟到自己的生活是在实现着自己和妈妈对生活的期待时，也改变了自己"出生是错误的"这一认知。

超越原生家庭带来的影响，意味着我们不再只是以自己的主观感受去理解家庭中发生的事件，而有机会看到每个家庭成员行为背后的心理需求。这种理解让我们免于背负原本感受到的压力与恐惧。在这个基础上，发展成为一个有愉悦体验的个体是每个人的需求，当我们可以着眼于自己并能让自己保持愉悦，才能更好地卸下关系的负担，并最终拥有良好的关系。

支持与考验——英雄的旅程

故事：

　　我的这位英雄是一位女英雄，她是一个比较勇敢、乐观开朗、喜欢自由的人。她生活在一个平和宁静的村庄里。有一天村子里发生了一场瘟疫，很多人得了病。这种病会让村里孩子们的精神变得不太正常，有些喜怒无常，疯疯癫癫的。后来村子里的人去寻找原因，发现在村民赖以生存的水源中有对身体有危害的东西。大人的抵抗力比较强，不受什么影响，但是孩子的身体比较弱，每天喝了这样的水之后就会生病。女英雄非常关心孩子们的身体状况，经过村里人的一致决定，由她出去寻找解药。于是女英雄踏上了她的征程。女英雄在离开村子一个星期之后，到了离家很远的另外一个村庄。当她与那个村庄的人交谈，并讲述了自己村子里发生的情况之后，那个村庄的人很吃惊，有一位长者告诉女英雄说他们的村子在以前也曾经遇到过一样的情况。后来他们找到了一种药，给孩子们服用后经过一段时间，孩子们就慢慢变得正常起来，长者是这样告诉女英雄的。但是解药并不在村子里，长者告诉了女英雄去哪里寻找解药。于是女英雄再次出发寻找解药。按照长者的指示，女英雄找到了能够配置解药的人，但是她需要通过这个人的考验才能拿到解药。这个考验是她在拿到解药之前如何面对其他人之间发生的冲突，配置解药的人想看到女英雄是如何看待他人之间的冲突的。女英雄的反应是当她看到他人起冲突时没有立即去阻止，而是在一旁观察，在充分了解之后女英雄对这些有冲突的人进行了帮助，让他们的关系恢复了友好。这正是有解药的人想看到的情况，于是把解药给了女英雄。女英雄带着解药回到了村子，村里的孩子服用了解药，女英雄还带着村里的人开辟了新的水源，故事就这样结束了。

带领者：你觉得这个女英雄是个什么样的人，她有什么特质？

来访者：她比较勇敢，喜欢自由，平和，有力量感，有克服困难的信心。

带领者：英雄生活在一个什么样的环境中？

来访者：很祥和平静的地方，没有太多冲突，也没有互相欺诈，没有偷盗的一个平静的村庄。

带领者：你说英雄的家乡发生了事件，能再说说这个事件吗？

来访者：村子里的水源受到了污染，孩子的抵抗力比较弱，所以在情绪方面受到了影响，变得喜怒无常，而且也感到害怕。

带领者：你说是村民一致决定让英雄去寻找解药的，为什么会选择她呢？

来访者：因为女英雄有爱心，很喜欢小孩子。而且她在村子里生活了这么久，村民也看到了她身上有可以坚持到底、克服困难的品质。而且她确实非常关心这些孩子，想让孩子们恢复正常。

带领者：之后英雄遇到了一个帮助者。

来访者：对，女英雄她无论是在风和日丽还是狂风暴雨的天气都没有停歇，连续赶了七天的路来到另外一个村子。这个村子的环境是和女英雄生活的村子差不多的，女英雄终于遇到了可以交谈的人，可以向别人诉说自己村子的情况。

带领者：你觉得帮助者是可以交谈的人。

来访者：是的。

带领者：帮助者有什么样的特质？

来访者：帮助者经历过同样的情况，他们有一定的经验，最终他们也解决掉了这些问题。

带领者：帮助者也是有经验的人。

来访者：对。

带领者：之后英雄还是遇到了困难。

来访者：英雄没有办法直接取得解药，因为这个村子里没有，英雄还需要离开村子去另外一个很远的地方去寻找解药。她没办法快速地拿到解药返回去，她需要再次踏上她的旅程。

带领者：在之前的故事中你也提到村里有一位长者。

来访者：他是生活经验特别丰富的人，经历过很多事情，他是有智慧去团结自己村子里的人去共同克服困难的一位老者。他是起到关键作用的帮助者。其实村子里的人都是很接纳英雄的，大家是以开放、接纳和包容的态度欢迎她这样一个外来的人到村子里来的。

带领者：这个接纳似乎也是很重要的。

来访者：是的，如果大家不接纳，英雄就需要再去另外的地方寻求帮助，因为大家不接纳她，就不会给她解决的方案。

带领者：在你的故事里，好像解药掌握在制作者手里，似乎他可以决定英雄是否能够成功拿到解药。

来访者：是双方的共同决定吧。英雄是需要解药的，能制作解药的人也是需要有人使用这个解药的，如果没有人需要这个解药，他的生活也挺无聊的。我觉得他们冥冥之中早晚会相遇的。

带领者：在解决问题的过程中，哪些因素会帮助到英雄？

来访者：态度和智慧都很重要吧。英雄解决冲突的方式首先是观察和评估，没有鲁莽地参与到冲突中去，尽可能了解起冲突的原因、冲突的程度。在有了这些了解之后，才介入到冲突中去。

带领者：故事结束的时候，英雄的状态如何？

来访者：英雄是很开心的，因为她找到了解药，孩子们恢复了健康，她也带着大家找到了新的水源。村子恢复了之前的平静，大家对生活有了信心和憧憬，以后如果在生活当中有了新的困难，他们是可以团结起来去克服的。英雄在这个过程中也得到了成就感和满足感，她发现自己在困难来临时是不会退缩的，在别人遇到困难时她可以发挥自己的特点，做一个对他人有益的人。

带领者：英雄的特质对于她完成旅程发挥了什么样的作用？

来访者：我觉得还是发挥了挺大作用的。比如说她的勇敢会让她敢于踏出村子寻找解药。她喜欢自由也是一个原因，她在村子里已经待了很多年了，她也想出去看看外面是什么样子。她的乐观开朗也让她在遇到困难时不会放弃。

带领者：听起来英雄在心里也有想要出去看看的愿望。

来访者：对。

带领者：英雄似乎是为了解决别人的困境离开了村庄。

来访者：是的。

带领者：在你之前的故事里，你说英雄的离开是村民的共同决定。

来访者：是的。

带领者：共同决定和英雄自己做决定会有差别吗？

来访者：英雄如果自己做决定的话会缺少一种支持感和力量感。在之后她离开家乡寻找解药的过程中，尤其当她遇到挫折和困难时，村里人的这种一致决定对她是一种支持。

带领者：英雄是需要带着这样一种支持和力量出发的。

来访者：是的。

带领者：我在你的故事里也听到一个细节，就是你说英雄是用了七天的时间到达另一个村庄的，你似乎很明确这个时间。

来访者：村里的孩子每天都在遭受痛苦，所以英雄给自己一定的压力，她希望尽快找到解药。

带领者：但目标似乎并没有达成，英雄还需要继续探索。

来访者：对。

带领者：英雄继续探索，你觉得她用了多久呢？

来访者：走到有解药的村庄大概用了三天的时间，解决困难大概也用了三天。之后她快马加鞭回到村庄，大概用了三到五天的时间吧。

带领者：英雄似乎是很急切地想要达成自己的目标，但是英雄似乎需要一些时间等待，比如在村子里没有得到解药，找到了制作解药的人，也需要耐心观察来解决冲突。

来访者：是的。

带领者：制作解药的人给了英雄一个考验，他的目的是什么？

来访者：考验的目的就是说制作的人制作解药也是不容易的，所以他不想轻易把解药交给一个不值得托付的人。解药本来就是要帮助别人的，他要考验这个英雄是否真的有耐心，愿意帮助别人，真的可以在面对其他冲突时能很好地解决，还要考验这个人的品质、性格等。

带领者：英雄在这个过程中证明了自己的品质。

来访者：对。

带领者：对于这段旅程，英雄有什么感受？

来访者：她觉得比较开心，因为离开了村庄，经历了一些自己过去没有经历过的一些东西；而且也解决了困难，这让她感到自己和以前不一样，更有力量感，而且能够对人有帮助。

带领者：你提到的长者除了有智慧和经验之外，还有一个能力是团结周围的人去克服困难，你说英雄回到村庄之后，也带领村民开发了新的水源，这似乎和长者的特质比较接近。

来访者：对，我自己说的时候没有注意到。

带领者：在你的故事里，原本生活在一个平静环境中的乐观、勇敢、向往自由的英雄，有着一颗想要出去看看的心，这时出现了一个事件，在大家的支持之下，她决定离开家乡。之后她到达了一个新的地方，得到了接纳，并且遇到一位能够指引她、有经验的人。这个人为她指引了未来的方向。之后她遇到了命中注定的人，并且达成了自己的愿望。最后英雄回到自己的村子里，通过这个旅程，英雄获得成就感和满足感，也觉得自己具备了克服困难的能力。

来访者：讲到最后我有一些新的感受，英雄经过这样一个旅程是有变化的，虽然她回到了原来的村子，但她的生活已经不同了，她开启了另外一段新的人生。

带领者：你会觉得这组卡牌和你的生活相关吗？

来访者：相关。

带领者：这组卡牌先这样可以吗？

来访者：可以。

在这组卡牌中我们可以看到，英雄出发的动机是想要探索外面的世界并得到接纳与肯定。村子里发生的事件其实可以说是为英雄的目标而服务的。但英雄仍觉得自己的力量不足，所以需要别人的支持才能迈出自己的脚步，这也反映着英雄仍然不够自信。我们也能看到，英雄与帮助者具有相类似的特质，这意味着帮助者是英雄的模板，她需要帮助者的引导，并学习帮助者的特质。最后英雄达成自己的目标，获得成就感和满足感，虽然她回归平凡，但也开启了一段新的人生。

附录　OH卡牌其他卡组简介

除已经在之前介绍的基础卡（OH Cards）和克服卡（COPE）之外，OH卡牌系列还包括了以下卡组：

1. 人像卡（PERSONA）
2. 青年人像卡、孩童卡（PERSONITA）
3. 伴侣卡（TANDOO）
4. 自然环境卡（HABITAT）
5. 抽象卡（ECCO）
6. 英雄故事卡（SAGA）
7. 一千零一夜卡（1001）
8. 神话卡（SHEN HUA）
9. 创造卡（CLARO）
10. 弹性卡（RESILIO）
11. 土著卡（MORENA）
12. 西洋神话卡（MYTHOS）
13. 美食盛宴卡（QUISINE）

14.博斯 画家卡（BOSCH）

15.莉迪娅·雅各布 画家卡（LYDIA JACOB STORY）

16.大溪地 画家卡（TAHITI）

17.博勒加尔 画家卡（BEAUREGARD）

参考图书

1. 杨东，吉沅洪.《实用罗夏墨迹测验》，重庆出版社，2008.
2. 弗洛伊德.《图腾与禁忌》，中央编译出版社，2015.
3. 约瑟夫·坎贝尔.《千面英雄》，上海文艺出版社，2000.
4. 米兰达·布鲁斯-米特福德，菲利普·威尔金森.《符号与象征》，生活·读书·新知三联书店，2014.

后记

从我开始接触OH卡牌至今,已经过去近十个年头。在这期间,从最初带领卡牌的体验活动,到开设卡牌成长小组,直至后来开始培训卡牌带领者,我与卡牌结下了一段奇妙的缘分。通过OH卡牌,我认识了很多朋友,也听到了很多有趣的故事,这帮助我逐渐梳理出了今天的卡牌体系,更重要的是,这个过程让我自己得以自我发现和成长。

几年前,我的朋友和学生在体验到卡牌的神奇之后就曾劝我写一本关于卡牌的书,但是我犹豫再三,因为觉得自己的技术还不成熟。中途很多次学生苦于市面上缺少一本可以教会人怎么玩OH卡牌的书而劝我动笔,我都没有下定决心。直到2016年年底,我的编辑朋友毕冬女士再次劝我写一本书,我才重新考虑这件事,开始勾勒本书的大纲。

2017年,我联系到我的编辑秋实,她曾经在三年前体验过我带领的卡牌团体工作,我们很快商定了选题,我开始准备本书的内容。

从六月底正式动笔,到最终完成本书的全部书稿,我切实体验到了完成一本书的不易。尤其是在本书完全是以我个人的经验为基础形成体系的情况下，缺少可以参考的资料，时间也有限，为此，我熬过了很多不眠之夜。在这个过程中，我也得到了很多朋友无私的帮助，在这里，郑重地表示感谢。

感谢张潇予和李丹在本书写作过程中，为我在英文翻译方面提供的参考和帮助；感谢张奕、刘颖、咪呀、孔凌飞、王桂华、林溪、郭英、陈梦文、穆丽娟、丛金红、杨颜嘉、吴赛赛、付瑞芳、陈爱欣、王小舫、陈婷、佳锐、杨海希等朋友在本书写作过程中给我的支持和帮助；感谢杨柳老师、栾广斌老师在写作过程中给我提出的建议和指导；感谢武亮在技术探讨中对我的帮助，为我提供了素材和新的视角。感谢我的同事、朋友在写作过程中给我的宽容与支持，也特别感谢我的编辑秋实为本书最终成书而付出的辛勤工作。

因为时间有限，在本书的写作过程中，虽然我在案例的挑选上数次推翻重选，但出于保护隐私等咨询伦理方面的考虑，未能收集到更多具有代表性的个案，这也让我感到有些遗憾。虽然本书只涉及OH卡牌基础卡与克服卡的使用和案例展示，但我仍希望本书能为喜欢OH卡牌或致力于通过使用OH卡牌为他人进行心理工作的读者带来一些启发，也希望在未来有更多的卡牌爱好者因本书而获益。